偏要和陌生人說話

黃志堅——著

目錄

第二章

為何要主動結交陌生人

第三章

讓陌生人「喜歡你」有訣竅

第四章 與陌生人溝通，要因人而異

第五章 遠離與陌生人溝通中的雷區

偏要和陌生人說話

推薦序

成功，從學會結識陌生人開始

「什麼？偏要和陌生人說話？」

初聽此書名，感覺挺有意思的。當時因為正要登機前往美國洛杉磯，所以，沒有來得及向作者瞭解更多的情況。後來到了洛杉磯，從E-mail中看到他發過來的全稿。看完後第一感覺就是：You are great！

對於陌生人，我也有過一些體會，很多的想法我們不謀而合。但是我沒有想到作者竟然如此洞察入微，所宣導的理念具有如此的說服力。我像是讀一本引人入勝的小說一樣，一口氣讀完了這本書。

我與作者在一次高端培訓中相識，雖然作者性格內斂，與本人性格反差極大，但我們頗為投緣，私交甚厚。作者給我的感覺是一個內秀型的人——內斂的外表下卻蘊藏著深邃的思想，往往有著驚人而獨到的見地。譬如說《偏要和陌生人說話》中所提到的理念，就給人耳目一新的感覺。

我記得導師安東尼・羅賓遜說過這樣的話：失敗者同成功者最大的區別在於他們對陌生人的態度。

失敗者認為陌生人帶來的都是麻煩，他們一般都是小偷或者騙子，所以一定要多加提防；而他們如果不是小偷、騙子，那就一定是推銷東西的，而且推銷的東西還一定是高價的劣質貨。

如果這些都不是，那陌生人就一定是自己生意的競爭對手，或者是外來的流動人員，只會讓這個不怎麼寧靜的環境變得更加混亂！

成功者認為陌生人都是自己的財富和資源。每一個人都會在某一時刻成為陌生人——如果今天你認識了一個陌生人，可能明天他就會讓你少一次成為陌生人的機會；他們可能成為你危急時候可以依靠的人，可能成為在你背後提供信任和支持的人，也有可能變成你今天的成功和未來更大成功的夥伴；每一個陌生人都有自己的一個生活圈子和人際關係網，這些是他們成功的基石。

所以，成功者會努力去認識陌生人和加入陌生人所在的朋友圈；而失敗者只是躲在一邊，抱怨沒有合適的關係和生不逢時，只能無奈地抱怨、鬱鬱寡歡……

很多時候，意識的覺醒比實際的操作方法更為重要，誰覺醒得更快，成功的可能就會更大。可以這樣說，學會結識陌生人，是一個人步入成功的開始。

也許有人會說，結識陌生人存在著這樣那樣的困難和難以預料的風險，但是這一切都不是你拒絕的理由。本書說得多好啊——「陌生人，只是還未認識的朋友」、「如果你想想你的所有朋友都是從陌生人開始的，你還會害怕陌生人嗎？」

事實證明，兩個毫不相干的陌生人，要建立關係，並沒有我們想像的那麼難。美國的心理學家Stanley Milgram指出：最多通過六個人你就能夠認識任何一個你想認識的陌生人。

記得幾年前一家德國報紙接受了一項挑戰，要幫法蘭克福的一位土耳其烤肉店老闆與他最喜歡的影星馬龍·白蘭度建立聯繫，結果經過幾個月，報社的員工發現，這兩個人只經過不超過六個人，就與馬龍·白蘭度建立了人脈關係。

原來烤肉店老闆是土耳其移民，有個朋友住在加州，剛好這個朋友的同事，是電影《這個男人有點色》的製作人的女兒在女生聯誼會的結拜姐妹的男朋友，而馬龍·白蘭度主演了這部片子。

好長一段時間，我一直在琢磨這個理論，最後我驚訝地發現，它竟然是完全正確的。你可以用這種結識陌生人的方式來指導自己的工作，完成自己的婚戀，解決一切跟人相關的問題。

因為你可以用這種方式認識全世界，你可以跟全世界你想認識的陌生人成為熟人。天啊！你有五十億的朋友，何愁萬事不興！

以上本是作者針對此書向我徵求的一些簡單的想法，在作者的要求下，我做了簡單的修改。

是為序。

余仕維

於美國洛杉磯

陌生人：喬裝而來的貴人

說到陌生人，幾米的《向左走，向右走》中有這樣的描述：都市裡的大多數人，一輩子也不會認識，卻一直生活在一起。由此可見，每個人都無法避免與陌生人打交道。同時，在每個人的人生際遇當中，可能都與陌生人有著或多或少的機緣。

人生中有很多這種與陌生人的際遇。

一個盲人在路上走，另外一個人過來把他引上正路，可是盲人卻不知道給他指路的人是誰。

當半夜時分，生病的旅行者發出沉重呻吟的時候，有一個人一直服侍他到天亮。清晨，旅行者死了，可是他到死也不知道這位幫助他的人是誰。

一個人走在路上，把水果送給孩子們，在沙漠中把水送給了一位渴得要死的人，把自己的乾糧平分給饑餓者。可是，誰也不與他相識。

……

就像空氣一樣，無論是車水馬龍的大街，還是工作中的各種商務交往中，陌生人都與我們形影不離。然而，大部分的人認為，雖然陌生人隨處可見，卻似乎都是與我們毫不相干的人。事實果真如此嗎？

傳統觀念認為成功者都似乎離不開「貴人相助」，因此，每個人都渴望生命中的貴人出現。因為人人都知道，貴人是我們通往成功的捷徑。可是，大多數人都不知道，貴人有時候就藏在與你素不相識的陌生人當中。

一個烏雲密佈的午後，由於瞬間的傾盆大雨，行人們紛紛進入就近的店鋪躲雨。一位陌生的老婦也蹣跚地走進費城百貨商店避雨。面對她略顯狼狽的姿容和簡樸的裝束，所有的售貨員都對她視而不見。

這時，一個年輕人誠懇地走過來對她說：「夫人，我能為您做點什麼嗎？」

老婦人莞爾一笑：「不用了，我在這兒避會兒雨，馬上走。」老婦人隨即又心神不定了，不買人家的東西，卻借用人家屋簷躲雨，似乎不近情理，於是，她開始在百貨店裡轉起來，哪怕買個髮飾呢，也算給自己的躲雨找個心安理得的理由。

正當她猶豫徘徊時，那個小夥子又走過來說：「夫人，您不必為難，我給您搬了一把椅子放在門口，您坐著休息就是了。」

兩個小時後，雨過天晴，老婦人向那個年輕人道謝，並向他要了張名片，就顫巍巍地走出了商店。

幾個月後，費城百貨公司的總經理詹姆斯收到一封信，信中要求將這位年輕人派往蘇格蘭收取一份裝潢整個城堡的訂單，並讓他承包自己家族所屬的幾個大公司下一季度辦公用品的採購訂單。

詹姆斯驚喜不已，草草一算，這一封信所帶來的利益，相當於他們公司兩年的利潤總和。他在迅速與寫信人取得聯繫後，方才知道，這封信出自一位老婦人之手，而這位老婦人正是美國億萬富翁「鋼鐵大王」卡內基的母親。

詹姆斯馬上把那位叫菲利的年輕人，推薦到公司董事會上。

毫無疑問，當菲利打點行裝飛往蘇格蘭時，他已經成為這家百貨公司的合夥人了。那年，他廿二歲。隨後的幾年中，他成為「鋼鐵大王」卡內基的左膀右臂，事業扶搖直上、飛黃騰達，成為美國鋼鐵行業僅次於卡內基的富可敵國的重量級人物。

就這樣，菲利善待陌生人的一個舉動——以一把椅子的問候，體現出了他為人的忠實和誠懇，從而獲得了貴人的青睞。

也許你會覺得這樣的機會是千載難逢的，純屬巧合，其實不然，很多的時候，陌生人就是喬裝而來的貴人，他在隨時考驗著你。就像菲利一樣，因為他有對待陌生人的一顆愛心，才會得到貴人的垂青。

一個沒有愛心的人，只會讓貴人與自己擦身而過。

由此可見，一個人對待陌生人的態度，對他的成功有著至關重要的影響。

不知你是否留意那些成功人士，特別是那些人際交往的高手，他們往往能夠通過自己的言談舉止，讓初次見面的陌生人產生一見如故的感覺，輕而易舉地拉近了彼此之間的距離，不僅交了朋友，而且輕鬆促成了生意。

亞里斯多德曾經告誡世人：對陌生人應該友好，因為每一次與陌生人相遇，都是一場戰爭。

這話堪稱經典名言，如果你能把握好與陌生人溝通與相處的尺度，往往能夠將其變成你的朋友和貴人，同時，主動結交陌生人，也是擴大你社交圈，獲得更多成功的有力保證。

你為何對陌生人說「不」

傳統觀念告誡人們：「不要和陌生人說話」、
「逢人只說三分話，不可全拋一片心」、「防人之心不可無」……
這些觀念雖然有其可取之處，但是，也有很大的弊端——
它將陌生人拒之門外，是擴大社交圈子最大的障礙。

你會和陌生人說話嗎？

每個人都有過和陌生人交流的機會，哪怕問路或被問路。通常是什麼因素使你有跟某個陌生人說話的欲望？或是主動開口幫忙，或是詢問資訊，或來源於內心的傾訴欲望，或僅僅是以此無聊地打發時間。

當然，也可能是陌生人身上有什麼觸動了你的好奇心。什麼樣的陌生人安全無害？你不知道，這取決於你設定的安全感尺度，而直覺會讓你作出判斷。下面的幾種情形，基本上代表了時下大部分人對陌生人的態度。

有賊心，沒有賊膽

或許你會以為一個在熟人圈裡無所顧忌、無所畏懼、花樣迭出的人，在陌生人面前也會落落大方、熱衷於表現自己的。

然而，這個推斷不是百分百的正確，有相當數量的人在家裡和朋友圈子裡都很隨

意，但一遇到陌生人、陌生的場合，就感到渾身不自在，彷彿到處都是陷阱，而人們的目光，即便是友好的目光，在這些人看來也如芒刺一般。他們雖然也渴望與陌生人交流，擴大自己的社交圈，但就是「有賊心，沒有賊膽」。這種人多少是有些社交障礙的，應該針對不同的情況採取心理和生理上的應對措施。

和陌生人說話，太危險了

有相當多的人，感覺現在社會比較複雜，報紙上、電視裡總能看到一些上當受騙的事例，父母也都在提醒他們不要跟陌生人太接近，因此，他們對陌生人有著很重的防範之心，雖然也認為陌生人不全都是壞人，但覺得有所防備才能避免吃虧。

很多人之所以對陌生人有著如此強烈的戒備心理，是因為他們或者身邊的人曾經遭受過陌生人的欺騙，生活中這樣的例子也是舉不勝舉。什麼拐騙啊，撿錢分贓啊，冒充乞丐行騙啊，這些危險的陌生人，在人流湧動的街頭經常會碰到。

基於以上種種，這些人覺得跟陌生人交往，太危險，從而唯恐避之不及。

和陌生人說話，習以為常

有的人對陌生人敬而遠之，卻也有的人覺得是習以為常的事，甚至有的人熱衷於跟陌生人閒聊。這類人就是遇見誰就跟誰聊，拉著個人就說起個沒完沒了，常常讓人產生「話癆」之感，越是陌生人，他們越是恣意妄為，無所顧慮。

還有的人，對陌生人沒有什麼概念，他們認為，一回生、兩回熟，只要互相看著順眼、有趣就行了；做人應該灑脫一點，用不著太拘束；壞人也沒那麼多，只要自己有分寸，別人也不會怎麼樣你。

這類人對陌生人之所以有如此開放的態度，是因為他們認為這個世界是善惡並存的，每個人都是天使和惡魔的混合體，維持相當的警覺和戒心確實是保護自己的好方式，但不能因噎廢食拒絕所有陌生人。這個世界上有六十億人口，那麼，有幾人是你的熟人？大多數人都是和你素不相識，難道你就在熟人圈中打轉？

基於此，他們覺得跟陌生人交往是件再平常不過的事情，並非如我們想像的有那麼多的禁忌，因此，這類人對陌生人持開放的態度。

陌生人，只是階段性的朋友而已

對於人生，有人有過詩意的描述：

人生猶如開往不同車站的班車，你在某站上來，總會有那註定伴你走一程的乘客從某處上來，然後靜靜坐在你旁邊的位置上。你們或許無語，或者攀談起來，但是，

那人終究要在某處下車，而你還要去奔向屬於自己的車站……這樣看來，又有哪個朋友不是階段性的呢？

如上面文字描述的一樣，不管是真實的旅途中，還是在人生的旅途中，我們都會遇到很多陌生人。但在交往中我們往往把他們當做了階段性的朋友，隨著旅途的結束而結束，鮮有真正成為長久的好朋友的。

例如在旅途中與陌生人交流，大多數是為了打發寂寞的時光，有時候是客套，所以，鮮有過後再交往的。其深層原因兩個字概括——「陌生」，只是因為雙方都是萍水相逢的陌生人。

有些人把陌生人和朋友相比較，認為年齡越大，陌生人變成朋友的可能性就越小。他們不會把心事告訴一個陌生人。打個比方，朋友是正餐，陌生人不過是一個霜淇淋。向一個陌生人傾訴對問題的解決不會有任何的幫助，沒有意義。而朋友不同，那是一種溝通和對感情的維護。

因此，在旅途中，如果不是太無聊，有的人乾脆對陌生人保持距離。

基於以上的因素，很多人一般都不會和萍水相逢的人保持聯繫，因為他們覺得陌生人只是階段性的朋友而已，不可能會成為今後永久的朋友。

溝通APP

在社交中，陌生人就好比一座孤島，與我們的生活圈子遠遠地隔開。和陌生人的交往，需要明智、謹慎，因為有的陌生人會是你未來的福星，在人生道路上給予你舉足輕重的幫助。反之，則有可能會成為你的禍星，給你帶來滅頂之災。到底我們是需要福星還是禍星？這就要看我們怎樣去跨越孤島這個界限了。

陌生人是危險的代名詞

陌生人，就是危險的代名詞？事實果真如此嗎？

陌生人就意味著危險

似乎沒有理由去恐懼陌生人，因為我們也是別人眼中的陌生人，但是很多的人還是對陌生人心存芥蒂。

法國社會學家弗里德曼這樣描述現代社會的陌生性：走在大街上，陌生人保護我們，如員警；發生火災了，陌生人撲滅燃燒的建築物，那是消防員；是陌生人教育我們的孩子、建築我們的房子、用我們的錢投資；是陌生人在電視、報紙和網上告訴我們地球另一面的新聞；是陌生人在我們重病時為我們治療……

有位學者用「差序格局」一詞來描述華人之間的關係模式：任何事物，都可以依照與自己的親疏生熟而產生判斷與感情上的差異。基本上，對於同一件事，人們越是接近與熟識，所發生切身感受的反應就越強烈，乃至接近自我的反應，而越是陌生與疏遠的人，人們則越可能採用冷漠甚至詣謔的旁觀態度。

生活中，「不要與陌生人說話」或者「不要和陌生人交心」成為人們一種普遍的共識。

陌生就意味著不瞭解，意味著不確定性與危險因素的存在。世界上大多數民族的文化中都保留有對陌生人的戒懼原則，而且也有一系列針對陌生人的處世方式。

和陌生人交往的危險性到底有多高

以上種種對陌生人的言論和態度，似乎有些道理，但是，在現實生活中，如果你真的拒絕和陌生人說話，你的生活將會陷入尷尬的境地。

據報載，一位男孩在乘坐公車時迷路，該男孩不吃不喝也不說話，這可難壞了一群幫他找家的民眾。最後警察趕到，小男孩才告訴警察自己的姓名、家庭住址，因為在車上打瞌睡坐過了站迷路了。並還說，平時家人反覆教育他不要和陌生人說話，所以才會出現剛才的一幕。

如果人人都和那小孩一樣抱著不要和陌生人說話的態度和宗旨，那生活會是怎樣的情形？萍水相逢，對彼此的認識根本是一片空白，無所謂善意更無所謂惡意，為什

麼要用懷疑的眼光去看人家？殊不知，心同此理，對方也在用同樣的方式來看你呢！

我們沒有確鑿的資料顯示和陌生人交往的危險性到底有多高，不過這裡有個小故事，能給我們一些啟發：

有個男人走在路上，迎面過來一個陌生人。陌生人就從懷裡拿出個形狀怪異、色彩陳舊的東西給他看，口中說，這是個古董，至少值兩千元，因來當地做生意被騙了，想用它抵兩百元回家的路費。見他猶豫，陌生人又補充說：「在你之前我問過九個人，都以為我是騙子，你肯幫助我嗎？」

這個男人那天心情不錯，想做個測試，或者做個傻瓜。他說：「古董我不懂，我就借你兩百元好了，你日後還我。」事後周圍的人都笑他白白把錢送給了騙子。沒想到一個多月後，陌生人將錢送還給了他。

正當他熱心為「騙子」平反之時，陌生人又找上門來，這次帶了一大堆古董字畫。陌生人說，自己將去遙遠的地方闖蕩，也許一時半會兒回不來，也許永遠都回不來，家中沒別的人，這批祖傳的寶貝想轉讓給一個信得過的人。他問總共值多少錢，陌生人回答，至少三十萬。他笑說，我總共只有三萬存款。對方說那就三萬。他暗自叫苦，心想，這下自己可能上當了，若是這個人真如別人所說，是個大騙子怎麼辦？

但考慮到之前陌生人的守信，再說自己也已經答應別人了，總不能言而無信，於是勉為其難地將那批古董收下了。等陌生人走後，他不懷多大希望地請來行家鑒定。結果是，那堆寶貝遠遠不止三十萬。

這個男人是個社會學講師，日後他在課堂上對學生敘述完這段故事後說：十個看上去像騙子的陌生人中，只有一個是真騙子，其餘九個是好人。但十個常人中卻有九個把陌生的好人當騙子，只有一個相信陌生人是真好人。

人們之所以對陌生人心存戒備，最主要的原因莫過於害怕陌生人會給我們帶來危險，對人身造成傷害。而心理學實驗卻表明，人類很多特性的分佈都有一個規律：特別好和特別差的人各只占百分之二左右，中間水準的占百分之九十五，也就是說絕大多數的人都是差不多的。

多一份信任，陌生人並非想像的那麼危險

著名作家劉心武在他的《心靈體操》一書中提到他母親是一個特別喜歡和陌生人說話的人，特別是在某些公共場合，尤其是在火車上，他的母親都喜歡將自己的家事告訴那些萍水相逢的陌生人。

有年冬天，劉心武和母親從北京坐火車去張家口。有兩個年輕人坐到他們對面，臉相很凶，身上的棉衣破洞裡露出些灰色的絮絲。劉心武的母親竟然去跟對面的那個小夥子攀談，問他手上的凍瘡怎麼也不想辦法治治，又說每天該拿溫水浸它半個鐘頭，然後上藥。

那小夥子冷冷地說：「沒錢買藥。」還跟旁邊的另一個小夥子對了對眼。劉心武覺得不妙，忙用腳尖碰了碰母親的鞋。劉心武的母親卻不理會他的提醒，而是從自己隨身的提包裡，摸出一盒如意膏，給那小夥子手上有凍瘡的地方抹藥膏。

那小夥子先是要把手縮回去，但劉心武母親的慈祥與固執，使他乖乖地承受了那藥膏，一隻手抹完又抹了另一隻。另外那個青年後來也被劉心武母親勸說得抹了藥。

劉心武母親一邊給他們抹藥，一邊絮絮叨叨地跟他們說話，大意是這如意膏如今藥廠不再生產了，這是家裡最後一盒了，這藥不但能外敷，感冒了，實在找不到藥吃，挑一點用開水沖了喝，也能頂事；又笑說自己實在是落後了，只認這樣的老藥，如今新藥品種很多，更科學更可靠，可惜難得熟悉了……

末了，她竟把那盒如意膏送給了對面的小夥子，囑咐他要天天給凍瘡抹，說是別小看了凍瘡，不及時治好，抓破感染了會得上大病。她還想跟那兩個小夥子聊些別的，那兩人卻不怎麼領情，含混地道了謝，似乎是去上廁所，一去不返了。

火車到了張家口站，下車時，月台上有些騷動，只見員警押著幾個搶劫犯往站外走。劉心武眼尖，認出裡面有原來坐在他們對面的那兩個小夥子。又聽有人議論說，他們這個集團原是要在三號車廂動手，什麼都計畫好了的，不知為什麼後來跑到七號車廂去了，結果敗露被逮……劉心武和母親乘坐的恰是三號車廂。

從劉心武母親的故事中，可以看出，有時候和陌生人交往，也的確難免遇到壞人。但是，這種機率並不是特別的大。可見，對陌生人要多一種從容的心態，不要顧慮太多。

有篇文章說到某位著名的企業家教育自己孩子的事例。

他和自己年幼的孩子玩遊戲，告訴他：「來，跳下來，爸爸會接住你！」孩子依命行事，可他卻沒有伸出手來，結果可想而知。

他對孩子如此解釋：「不要完全信任別人，哪怕是我！」然後，他又把孩子放在秋千上，再一次讓他放心跳下來，說：「我會接住你！」

可受過一次教訓的兒子卻猶豫不決，最後在他的催促下跳了下來，這一次，他伸

手接住兒子，忠告他：「懷疑固然重要，但比懷疑更重要的還是學會信任！」

「害人之心不可有，防人之心不可無！」這些忠告都是有道理的。然而，被動地戒備，還不如主動去結識陌生人。因為主動去結識陌生人，釋放出來的是善意和信任。因為「不要和陌生人說話」的警戒不見得能避開一切危險，而主動去結識，卻可以得到意想不到的朋友和機會。

溝通APP

許多有社會經驗的人諄諄告誡：不要跟陌生人說話。在理論上，這似乎是顛撲不破的真理，因不慎與陌生人主動說了話，從而引發出麻煩、糾纏乃至於悲劇的實際例證太多太多。但是，這種告誡有些「一朝被蛇咬，十年怕井繩」的味道，因為心理學實驗表明，和陌生人交談，碰到好人的機率遠大於碰到一個壞人。

面對陌生人，有話口難開

記得讀大學時的一年夏天，有位知名作家來學校做講座，我是校刊主編，學校派我負責接待他。天氣非常炎熱，我的心卻冷若冰霜，因為我不知道如何和這個陌生人溝通。

大人物終於到了，我手足無措，訥訥不能言，片刻之後，才勉強說了句：「我也寫作。」

他很親切地回答：「那麼，我們的話題可多了。」

但我卻嚇得說不出話來，並認為自己已說錯話了。

很多人和當初的我一樣，都害怕和陌生人接觸。不知道如何開口、不知道該說些什麼，這些都是一般人的通病。例如，在聚會上我們想不出有什麼風趣或是言之有物的話可說；在求職面試時拚命地想給人好印象，卻緊張得結結巴巴不知所云。這其實是一種社交恐懼症。這種社交恐懼症，很多人都有，只是輕重程度不同而已。

什麼是社交恐懼症？

所謂社交恐懼症，簡單地說，就是在社交場合怕被別人注意，或者稍有差錯就產生極度恐懼的心理或情緒。這種對社交生活和群體的不適應而產生的恐懼和社交障礙在醫學領域即被稱為社交恐懼症，也叫社交焦慮症。在這種恐懼、焦慮的情緒出現時，還常伴有心慌、顫抖、出汗、呼吸困難等症狀。

社交恐懼症是一種常見病。社交恐懼症患者害怕的對象主要是社交場合和人際接觸，他們在公共場合過於把注意力放在周圍的環境上，對外界的刺激非常敏感，總覺得別人對自己的一言一行非常關注，總擔心自己會出現錯誤而被別人嘲笑，總處於一種莫名的心理壓力之下。

社交恐懼症常常會導致口吃、植物性神經功能紊亂甚至興奮性暈厥等併發症，影響人們的正常生活和工作狀態。

經專家研究表明，「社交恐懼」這種不正常的心理狀態與人在童年時期的某個行為印痕有直接的關係。

例如，有一個人小時候曾經得到一次演講的機會，他做了精心的準備，希望風光一把。可沒想到，他上台時竟把原先背得滾瓜爛熟的演講詞忘得一乾二淨了，這使他非常尷尬。從那以後，他變得不敢當眾講話了。

社交恐懼症的危害

在職場上，我們總是不可避免地要與各種各樣的陌生人打交道，這是我們展示才華的重要舞台。但是，總有人會不由自主地退卻，即便硬著頭皮去了，卻因表現失態而讓好機會白白溜走。尷尬的情形令他們懊悔不已，可當下一個機會出現的時候，他們又開始膽怯、猶豫。時間久了，僅剩的一丁點兒自信也都在一次次窘態中消耗殆盡。很顯然，他們不僅僅只是出於害羞、不好意思，而是患了社交恐懼症。

社交恐懼症可謂是自我行銷的剋星，它常常使人與機會擦肩而過。

走出社交恐懼症的陰影

懂得怎樣與陌生人結識，是人們必備的一個社會生存技能，這能使我們擴大自己的朋友圈子，並使生活變得更豐富。羅斯福所用的那種主動與陌生人打招呼並保持聯繫的辦法，值得我們借鑒。

美國總統羅斯福是一個善於和人交往的人。在他還沒有被選為總統的時候，有一

次參加宴會，他看見席間坐著許多不認識的人。如何使這些陌生人都成為自己的朋友呢？他稍加思索，便想到了一個好辦法。

羅斯福找到了自己熟悉的記者，從記者那裡把自己想認識的人的姓名、情況都打聽清楚，然後主動走上前去叫出他們的名字，談一些他們感興趣的事。

此舉使羅斯福大獲成功。後來，他運用這個方法為自己競選總統贏得了眾多的有力支持者。

不過，這對一般人來說做起來並不容易。在現實生活中，許多人似乎都對社交有一種「畏懼」，其集中表現就是不願意主動向別人伸出友誼之手。

然而，仔細想想，我們的朋友哪一個不是原來的陌生人呢？正因如此，所以有人說：「世界上沒有陌生人，只有還未認識的朋友。」

假如運氣好的話，和陌生人的偶遇就會發展成為忠貞不渝的朋友。因此，我們必須有效克服「畏懼」心理，它是與陌生人交往的最大障礙。

要想克服「畏懼」心理，首先要克服的就是自卑感。

哲人說：「自卑就像受了潮的火柴，再怎麼使勁，也很難點燃。」

如果一個人總是表現得猶猶豫豫，縮手縮腳，別人自然也認為你真的很無能，不願和你交往。

自卑不僅會使自己陷於孤獨、膽怯之中，而且會造成心理壓抑，受這種心理的支配，人們就會越來越不敢主動去和陌生人交往，越來越自我封閉。

克服自卑感的方法有很多，最有效的就是對自己進行「心理暗示」。比如，在和陌生人交往感到恐慌時，你不妨想一想：我的社交能力雖然還不夠好，但別人開始時也是這樣的，不管做什麼事，開始時都不見得能做好，多做幾次就會更好了，其實大家都是這樣的。

問題關鍵在於，你必須敢於走出與陌生人交往的第一步。實踐出真知，練習多了，就不會再感到害怕、膽怯了。這樣就會使自己的社交能力大大提高。

之後就是進行「心理認知」治療。讓患者通過回憶、與心理醫生交談及催眠治療等方式，找出引發心理障礙的確切原因，再據此對症下藥，進行「行為治療」。

「行為治療」就是根據患者的病因教會其採用相應的心理對策，找到解決問題的辦法，最終形成正常的社交思維習慣和模式。常用的治療方法有以下幾種。

●注意力集中法

在與陌生人交往的過程中，不必過度關注自己給別人留下的印象，要知道自己不過是個小人物，不會引起人們的過分關注。正確的做法是學會把注意力放在自己要做

的事情上。

●試想結果法

當心理過於緊張或焦慮時，不妨兜頭一問：再壞又能壞到哪裡去？最終我又能失去些什麼？最糟糕的結果又會是怎樣？大不了再回到原起點，有什麼了不起！想通了這些，一切就會變得容易起來了。

●鐘擺法

為了戰勝恐懼，心裡不妨這樣想：鐘擺要擺向這一邊，必須先往另一邊使勁。我臉紅大不了紅得像塊紅布；我心跳有什麼了不起，我還想跳得比搖滾樂鼓點還快呢！結果呢，人們會發現實際情況遠沒有原先想像得那麼嚴重，於是注意力就被轉移到正題上了。

●循序漸進法

如果面對自己愛戀的女孩子，可用循序漸進的方法克服心理障礙。第一步，先看她的衣服；第二步，看她的臉蛋兒和眼睛；第三步，向她笑一笑；第四步，當有朋友在身邊時主動與她說話；第五步，有勇氣單獨與她接觸。

運用這種方法使一個原本看來很困難的社交行為變得容易起來，這種方法對輕度社交恐懼症一般有立竿見影的效果。

除此之外，心理專家建議可以用一些具體方法克服社交恐懼：

●做一些克服羞怯的運動

例如：將兩腳平穩站立，然後輕輕把腳跟提起，堅持幾秒鐘後放下，每次反覆做三十下。每天這樣做三次，可以消除心神不定的感覺。

●手上不要閑著

著名節目主持人蔡康永在主持節目時手裡習慣拿著一支筆，他說：「我觀察過許許多多的人，發現很多人沒拿東西的時候，手就會沒有地方擺，那時我真想遞一支筆給他。」

不論在正式或非正式的社交場合，開始時不妨手裡握住一樣東西，比如一本書、一塊手帕或其他小東西，這會使人獲得一種安全感。

●看著別人的眼睛說話

對於生性害羞的人來說，剛開始時可能感覺比較困難，但這樣做是很有必要的。你和對方始終都應該處在平等的地位，為什麼不能拿出一點勇氣來，大膽而自信地看著別人呢？必要時甚至可以當成一場小遊戲：「我就這麼盯著他看，看他怎麼著！」

●話題早預備

有時，社交場合的手足無措是因為擔心自己沒有合適的話題。針對這一欠缺，可以平時多注意報刊上熱門的報導，積累一些話題，這樣在陌生人面前自然不會有無話可說的尷尬了。

●不要過於關注個人表現

在與陌生人溝通時，應該將注意力從自己的表現轉移到如何能夠完成這件事情上來。要知道，大家關心的是事情本身，而不是你本人，除非你是大明星。所以，你只要把需要講的內容清清楚楚表達出來就好。這樣，恐懼的心理就會被轉移。

溝通APP

「瘋狂英語」創始人李陽的名片上有三句話：越是自個兒不敢做的事情越是要去做，越是令自己恐懼的事情越是要去做，越是自己沒信心的事情越是要去做。勇敢地與內心的恐懼作鬥爭，大膽地與陌生人說話，你的人生將會變得與衆不同。

害怕拒絕的心理作祟

害怕別人的拒絕，是很多人不敢與陌生人說話的最主要原因之一。這種害怕拒絕的心理，在人與人初次見面時最容易發生。拒絕對於初涉推銷行業的人來說，更是家常便飯。

日本的保險推銷大王齊藤竹之助，是在退休後開始步入保險推銷行列的，經過十幾年的奮鬥，先後創造了全日本和世界首席壽險推銷紀錄。他說：「初次接觸時，顧客總是用狐疑的目光盯著你，這是從哪兒來的傢伙！他們會很冷淡地拒絕你。拒絕是最正常的事情，推銷往往是從拒絕開始的。」

正如齊藤竹之助所說，被人拒絕這是社交中習以為常的事情，可以說，沒有哪個人沒有被拒絕過，特別是那些從事推銷職業的人，拒絕對於他們而言是家常便飯，但是，他們就是從一次次的拒絕中，促成生意的。所以，對於陌生人，沒有必要過於擔心拒絕。多一份從容，多一份淡定，很多的陌生人就會成為你一生的好朋友。

害怕被拒絕等於放不下面子

一位講師在給新來的銷售員做培訓。

「首先我先問大家一個問題，請這位同學回答我，做什麼最容易成功？」講師指了一個人問道。

「銷售！」那人回答。

「對，就是銷售，銷售最容易讓人成功，這裡誰做過銷售？」

講師點了一個舉手的女生問道：「銷售最容易成功，那為什麼還是沒有多少人願意去做呢？」

「被拒絕！」那女生遲疑了一下說道。

講師拿起黑筆，在白板上寫了「被拒絕」幾個大字。

「年輕的時候穿著西裝革履上四五十層的辦公大樓工作，做白領，很有面子，等你年紀和我差不多的時候，你就沒有什麼面子了！年輕人為什麼找工作難，找不到好的工作，因為……」講師頓了一下，用黑筆在白板上寫了兩個大大的字——面子，並圈了起來，然後旁邊寫了兩個字——放下，然後和那個被拒絕之間畫了個等號。

「都知道銷售最容易獲得成功，可是大部分人都選擇了待在辦公大樓裡面，拿著固定的死薪水，因為你們害怕被拒絕，放不下面子，年輕的時候放不下面子，所以老了你就沒有面子了。發達國家富翁、成功人士基本上都是從銷售員做起的，他們挨家挨户的去敲門，推銷自己的產品，被人拒絕無數次，所以他們會成功。」

看完這位講師與學員的對話，你是不是有所感觸呢？如果你可以放下面子，不怕被人拒絕，當然最多的是陌生人的拒絕。沉下心來，用心去思考別人拒絕你的原因，總有一天，你會變成備受別人歡迎的「萬人迷」。

學會掙脫「害怕拒絕」的網

我們常常不敢做某些事，不敢跟人打交道，更惶恐求人，一切都因為我們害怕被別人拒絕。

據報載，有位可憐的父親，因為兒子考上大學而自殺，因為他無法支付兒子的大學費用，又不敢求人，面對孩子渴求的目光，他無計可施，在極度愧疚中，採取了這種極端的方式。這是一個害怕被拒絕的極端例子，雖說現實中很少有人會這樣，但這

種心理卻非常的普遍。

害怕被拒絕的人通常心思細膩卻性格軟弱，細膩敏感的心靈使他們誇大人性的自私。面對現實中確實存在的某些難以逾越的障礙，他們深感自己的無能為力，卻因害怕遭到別的白眼或拒絕而不敢向外求助，只能自困愁城，在絕望的泥沼中越陷越深。

「拒絕」並不可怕，可怕的是「害怕」兩字。害怕被拒絕後自己無顏見人。俗話說，死要面子，活受罪。害怕被人拒絕，說白了，就是死要面子。

如果你害怕拒絕而不敢向心儀的女孩表白，那麼你失去的可是一生的幸福啊。表白了至少還有一半的希望，如果不表白任何希望都不會有。如果推銷員害怕被拒絕，那麼，產品永遠都無法賣出去。

溝通APP

人類的任何行為，其實都可以歸納為在推銷自己。推銷界裡有句名言：「成功是從拒絕開始的」。換而言之，任何關係的建立都是從拒絕開始的，被別人拒絕是正常的。面對任何陌生人，都不應該有害怕被拒絕的心理。因為你不敢主動向陌生人推銷自己，失去的可能就是千載難逢的好機會。

傳統思想作祟的結果

事實證明，我們對待陌生人的態度，整體而言是防備多於開放，儘管有少數對陌生人持開放態度的人存在，但是這種開放態度中也是有戒備心理的。這樣就造成了整個大環境，對陌生人採取拒絕態度。

為什麼會造成這樣的現狀呢？答案是傳統思想根深蒂固影響的結果。

傳統文化中的防人之術

我們的傳統思想有著太多的提防意識。這是與我們五千年的歷史有關聯的，因為歷史的經驗告訴我們，江山易主、忠良被人陷害、個人財物受損等，皆因壞人的惡念所致。

就拿帝王來說，他們最擔心的就是江山易主，所以，經常繃緊神經，時時處於高度戒備的狀態。生怕一不小心，自己就被人所害，特別對身邊的人更是多了十二分的

小心。因為經驗告訴他們，如果沒有高度的戒備心理，就無法捕捉到危險的信號。譬如部下功高蓋主、外戚勢力強過自己、太監權力過大等等這些信號就告訴他們自己得小心了，於是處處安插耳目和特務，關鍵時候就狠下殺手。

皇帝都有如此高度的戒備之心，屬於皇帝集權下的大臣和平民百姓更是會受其思想的影響。於是，由此衍生了許多防人的指導思想，譬如「畫龍畫虎難畫骨，知人知面不知心」、「害人之心不可有，防人之心不可無」、「逢人只說三分話，未可全拋一片心」等等。在傳統文化中，這種教人如何防備別人的理念可謂數不勝數。

矯枉過正的結果：對陌生人說「不」

曾有報導稱，某學校明文規定「不要和陌生人說話」。如今，「不要隨意跟陌生人說話」，成了很多人防止小孩被拐賣的建議。

防範教育，作為預防兒童被拐賣的正式建議，雖然初衷是好的，但並非治本之策，還可能對孩子性格產生不利影響，甚至伴其一生。我們教育孩子「不要和陌生人說話」，處處防範陌生人，而在日本，人們幾乎從不厭煩或敷衍問路的陌生人，甚至有人曾開玩笑說，在日本輕易不要問路，因為也許人家的熱情會讓你無法「脫身」。

一方面，對陌生人的求助，日本人寧可上一次當，也不願輕易放棄提供幫助；另一方面，他們從小就被教育培養「不要給別人添麻煩」的克己美德。正是這種良性循環，形成了日本人與人之間互相信任的氛圍。

心理學家告訴我們，如果一個人在成長過程中被社會、家長和老師反覆告誡：「如果有陌生人要帶你走、給你東西吃或跟你說話，不要理他。」這無形中增加了他的心理負擔，不敢同別人主動地交往，成年後這個人很可能會失去對社會的認知能力和是非判斷能力。哪怕只有一個陌生人在場，他也會本能地失去安全感，產生壓抑、孤獨、焦慮等不良心理狀態，阻礙他的人際交往，甚至影響他一生的心理健康。

如果將「不要和陌生人說話」從語言告誡變成行為準則，更是可怕的事。其實少數幾個騙子對社會造成的危害，遠遠沒有人們之間的不信任與冷漠可怕，更沒有比不健康的心理將伴隨一大批人的一生所帶來的危害大。

借鑒以往和他人的經驗，固然可以使自己少走彎路，提高效率，排除隱患。但是，盲目地套用以往的經驗，往往容易導致對人和事的認識產生偏差。因為經驗具有局限性，經驗也不等於科學。社會是變化的，以前的觀念，現在不一定就是正確的。

其實，對於經驗，前人早有科學態度：即取其精華，去其糟粕。因此，與陌生人的交往，我們既要遵循傳統經驗的指導，但也不能過於迷信，全盤去接受；努力提升自己的信任能力和分辨能力，以開放的心態融入社會。

第二章

為何要主動結交陌生人

我們之所以對陌生人敬而遠之，

其根本原因在於對結交陌生人的好處缺乏真正的認識。

事實證明，主動結交陌生人是擴大社交半徑的根本保證、

建立任何關係的基礎、職業所需和檢驗人才的標準、

帶你漸入佳境的良師益友、提升交際能力的磨刀石、

喬裝而來的機遇之神等。

有了上述幾點，充分證明了結交陌生人的必要性。

陌生人，正在影響你的生活

說到每個人與陌生人的關係，幾米的《向左走，向右走》中有這樣的描述：都市裡的大多數人，一輩子也不會認識，卻一直生活在一起。

由此可見，每個人都無法避免與陌生人打交道。同時，在每個人的人生際遇當中，或多或少都得到過陌生人的幫助。陌生人正以各種各樣的方式影響我們的生活。

陌生人與我們如影相隨

你想過沒有，在你所有的人生經歷中，陌生人在你的生活中充當著什麼樣的角色，對你的生活造成了什麼樣的影響？

對於我而言，與陌生人的這種際遇，數不勝數，可以隨手拈來。記得有次我在「卡拉ＯＫ」裡聽歌，看到一個二十歲左右的女孩走上台去唱。也許準備不夠充分，旋律響起後，她才唱了開頭一句：「我對你的心，你永遠不明瞭……」女孩跟不上旋律，非常尷尬，不知所措，再也唱不下去了。

坐在我旁邊一個男孩，大膽地從座位上站起，快步走到台上，拿起另一支麥克風，站在女孩的身旁，待樂曲重新開始的時候，跟女孩齊聲唱：「我對你的心，你永遠不明瞭，我對你的愛，你總是在煎熬……」唱了這開頭的一句後，他放下麥克風，大方地回到自己的座位上。那個女孩在他的帶動下，拉開了嗓子，大聲唱到完。

當時我的心裡不覺湧出了一種感動。

同一年的冬天，我獨自走在街頭，經過馬路時，我正想著心事。忽然聽到一聲響亮的「喂！」接著被一個中年人拉了一把。一輛計程車飛快地從我面前擦身而過，我被嚇了一大跳。當我定下神來想說聲「謝謝你」的時候，那位中年人早已跨上自行車無影無蹤了。後來獨自逛街過馬路，我總會想起這位面容都未曾看清的陌生人。

人與人之間的友愛，是沒有國界的。許多人看似外表冷淡，實際上他們有著一顆可以讓冬日的石頭散發著熱氣的愛心。

不管你願不願意，也不管你是否意識到這一點，陌生人都是與我們如影相隨的。也許在你最脆弱、最無助的時候，他們會毫不猶豫地向你伸出援助之手。

陌生人在積極影響我們的生活

人類的血緣之愛是上天賦予的，而沒有血緣的陌生人的愛是一種博愛，一種比血緣感情更深刻的東西，它有一種無形的凝聚力，把人類團結在一起。

我相信每個人都有得到陌生人幫助的經歷。有沒有想過，大多數的陌生人願意幫助你，而且覺得幫忙一個人是很自然而平常的事情？他們就是以這樣的一種角度在積極地影響著我們的生活。

曾經聽說過一個故事。

在美國紐約時代廣場上，有一位行動不便的銀髮老婦，整日在廣場上走來走去，無論是嚴冬還是酷暑，無論是烈日當頭還是細雨紛紛，她沒有一天不在廣場上出現。

有人認為她是在活動筋骨，也有人認為這是位無家可歸的老人。可是直到有一天，報紙上登出了這位老人的照片和事蹟，人們都驚呆了。

原來這位老人不是在活動筋骨，也不是無家可歸，她是在來來往往的人群中搜尋那些需要幫助的人。見到獨自亂跑的小朋友，她就上前問一句：「小朋友，是不是找不到家了，需要我幫忙嗎？」

見到滿眼憂鬱的女孩，她就上前問一句：「孩子，有什麼不開心的事嗎？說出來吧，或許我能幫助你。」

見到心事重重滿臉沮喪的年輕人，她也會主動上前打個招呼：「遇到為難的事了吧？要不要我給你出出主意？」

這位老人救助過因長期失業感到前途迷茫而企圖自殺的人，還送過離家出走的學生和迷途的智障老人，還曾成功地勸說過走投無路的犯罪分子去投案自首。

報社特意找到了一位曾被這位老人救助過當時想要自殺的男人，他現在已經是一家跨國公司的高級管理人員。他在回憶當時的情形時說：「聽到她關切的問話後，我竟然撲到了她的懷裡大哭了一場，當時我感到她像是母親、像是祖母。在她的勸導下，我對生活重樹了信心，並且時時刻刻地記著老人當時說的話：『只要好好地活著，一切都有希望。』」

在這位老人的影響下，紐約成立了一個自發性的銀髮老人救助組織，他們的唯一口號就是——多和陌生人說話。

現在越來越多的退休老人加入了這個行列，像那位老婦人一樣，走上街頭用他們那雙見多識廣的眼睛，去搜尋那些需要幫助的人。

看完上面的故事，不知道你有沒有和我一樣意識到，我們的生活和工作乃至所有的一切，都受到從未謀面的陌生人的影響甚至支配——我們吃陌生人加工的食品，為自身提供能量；我們在網路搜索著陌生人傳播的資訊；在人生的旅途中，隨時得到陌生人無私的幫助；在陷入迷途時，隨時得到陌生人的指引……

「多和陌生人說話」，這是一句多麼讓人感慨的口號啊！讓我們懷著一顆友善的心，學著去多和陌生人說話吧！

每一個緊鎖的眉頭都聚集著一分痛楚，每一個呆板的目光都充滿著無奈，每一個被煩惱纏繞著的焦慮面孔都渴望著人們的幫助。

也許我們不經意的一句問候，就會讓那瀕臨觸礁的心靈歸航；也許我們一次主動的傾心交談，就會挽回一個遺憾，就會創造一份美麗，就會改變一種結局。

你的社交半徑有多長

眾所周知，一個人的社會關係，對他的成功起著決定性的作用。而社會關係的規模與社會交往的活動半徑以及社會交往的途徑有關，半徑越大、途徑越多，社會關係規模越大。

調查顯示，絕大多數人的社交半徑都不大。究其原因，是他們受到傳統「熟人社交」的影響，不敢輕易結交陌生人，更別說主動將陌生人變為朋友了。

四下打量，我們會發現，最積極主動與你打交道的陌生人多半來自幾大類人群：直銷人員、保險從業者、房產經紀人等。

「家庭式聚會」、「朋友式聚會」、「同鄉聚會」、「網友聚會」、「陌生人聚會」基本能概括目前社會交往的形態。通過一個人參加聚會的類型，我們可以大致判斷其社交半徑。

毋庸置疑，大家都願意跟性格外向的人打交道，可以學到很多東西，而且可以幫你解決很多問題。與性格內向的人打交道，不但什麼也學不到，還常常妨礙你做事情。可謂是誰開放誰發展，誰封閉誰落後。

緬甸和泰國自然條件類似，兩個國家六十年代GDP差不多，但是為什麼後來泰國成了「四小虎」之一，發展很快，而緬甸落後了呢？是因為不開放，這就是開放和不開放的區別。

國家是這樣，一個地區也是這樣，做人亦是如此，應該以開放的心態去面對陌生人，因為大胸懷，才能成大事。

白領：渴望與陌生人交際

在各種聚會類型中，陌生人聚會對於累積社會資本的貢獻最大。調查顯示，城市中有約百分之二十五白領受訪者表示「希望在未來一年參加主要由陌生人參加的聚會」。這顯示出，現代白領已注意到社會交往對於社會資本累積的作用，但這種意識仍然不強。

從職業發展來說，擁有更多的社會資本意味著更多的就業機會。在一些公司的高級職位招聘條件中，「相關行業背景」、「政府關係背景」等字眼並不陌生，其潛台詞就是：具有一定社會資本累積的人更受歡迎。

針對這種需求，一些旨在拓寬交往面的陌生人聚會形式正在不斷湧現。按需求來分類的俱樂部組織是最直接明瞭的，通過俱樂部發起，相關行業或是相關經驗的個人通過參加一些聚會取得了聯繫。聚會中，很多人都將交換名片看成最主要的任務。此類陌生人聚會現在在行業內組織的比較多，大多就是為了認識一些對自己有用處的合作夥伴去的。

陌生人聚會是一種積極的交流形式，是擴大社交半徑的有效方式。因為每個人手中都掌握了一定的資源，但單個行動的成功率是很小的，只有找到合適的合作夥伴，結成同盟，才能共贏。

我們和他人交換一個蘋果，結果是我們各得一個蘋果，大家都沒有什麼損失；我們每個人和他人交流一種思想，我們卻可以得到兩種思想，於人生受益無窮。我們生活在這個資訊化的經濟時代，每天我們的頭腦都需要接收很多來自社會的各種各樣的資訊，這樣才能更好地立足於社會。主動與陌生人交往，無疑增加了我們的思想深度，我們因此又多了一條與外界聯繫溝通的重要管道。

你是否擁有足夠的社會資本

社會資本被認為是一種資源，即存在於社會結構關係中的資源。這裡所指的資源包括權力、地位、財富、資金、學識、機會、資訊等。當這些資源在特定的社會環境中變得稀缺時，行為者可以通過兩種社會聯繫獲取：

第一種社會聯繫是個人作為社會團體或組織成員與這些團體和組織所建立的穩定聯繫，個人可以通過這種穩定的聯繫，從社會團體和組織獲取稀缺資源。例如通過公司得到住房，通過校友會獲得工作機會，通過學術組織瞭解國際最新學術動態等。

第二種社會聯繫是人際網路。進入人際網路沒有成員資格問題，無須任何正式團體或組織儀式，它是由於人們之間接觸、交流、交換等互動過程而發生和發展的。

社交資源即是財富，從某種意義上來說，在職業發展中，社會資本已成為評價個人能力的重要指標。

如何擴大社交半徑？如何累積個人的社會資本？除了保持積極與人打交道的心態之外，吸取和分享同樣重要。在測量你的個人社會資本時，你不妨試著回答以下這些問題：

你是否喜歡交朋友，和別人打招呼？

你是否私底下常和同事討論，獲得別人知識？

你是否參加了幾個知識社群，和別人分享新知與經驗？

你是否有尊敬的老師，與他為伍，分享知識？

你每年參加幾次研討會、新知論壇？

你是否定期出國，融入不同文化，吸收新知？

你是否經常上網，吸收新知？

你的資料庫是否可以和家人、好友分享？

你所獲得的資訊、知識，每個月和多少位同事、朋友分享？

你能運用資料庫，在網上做個人化行銷嗎？

你所交換的名片是否有分類儲存？

找三位特殊專長的朋友幫忙，需多少時間？

通知五十位社群會員聚會需多少時間？

以上問題，如果大部分答案不是很理想或是根本無法回答的話，那你可就需要在社交方面投入更大精力了。

學會和陌生人相處，擴大你的社交半徑

事實上，大多數人的社交圈寬度都不夠，社交半徑相當小。這樣，無論是對個人，還是企業、國家的發展都是極其不利的。因此，要想獲得持續的提升，我們需要不斷地學會結交陌生人，不斷地擴大自己的社交半徑。

陌生人在我們的生活中有著極為重要的價值。如果你看過柯林頓的自傳《我的生活》，就更能明白和陌生人說話的好處了。毫不誇張地說，是「陌生人社交」讓柯林頓坐上了總統的寶座。

在我們的日常生活中，擴大自己的社交半徑對自己未來的發展也有著極其重要的作用。

我的一位文友曾向我說過他進入文壇的經歷。他說在幾年以前，他還是一位剛從大山走出來，啥都不懂的青年，那時候他寫文章基本上是留給自己欣賞，根本不知道怎樣去發表，甚至連報社、雜誌社、出版社在哪裡都不知道。

可是就在五年前，他說，他拿著自己以前寫好，剛交給列印室列印出來的幾篇雜文經過一個公園，停下來乘涼時在一棵高大的楊梅樹下邂逅了一位戴著眼鏡的青年。青年手裡拿著本雜誌坐在那裡靜靜地翻閱著，有時他會從身邊的公事包裡掏出鋼筆在上面圈圈點點。

我那位朋友見他也是位愛看書的人，就主動和他攀談，並將自己列印出的文稿交給他，請他閱讀，希望他能給自己提點意見。沒想到青年讀了我那位朋友的文章後，喜形於色，並鄭重地站起來和我那位朋友握手，非常高興地說：「我是某某雜誌的責任編輯，現在負責剛建起來的一個新的文學專欄，正愁找不到適合給這個專欄寫稿的

作家呢！」說完還把他的名片留給了我那位朋友。

也就是這麼一次偶遇，我那位朋友的文章開始得以發表，並通過那位戴眼鏡的青年所負責的文學專欄，向全國的讀者展現了自己一直不為人知的才華。試想，若是我那位朋友不主動去擴大自己的社交半徑，說不定，他現在已經回到他原來居住的大山裡，每日拿著辛苦寫下的書稿自我陶醉一番，直到老死都沒有誰知道他！

溝通APP

戴爾・卡內基說過，成功＝百分之十五的技能＋百分之八十五的人際關係。對於人際關係的重要性，這是眾所周知的。但是很多的人僅僅停留在意識上而已，實際的社交半徑卻相當狹小。這是由傳統的「熟人社交」所造成的。因此，如果要擴大自己的社交圈子就必須敢於打破傳統的社交方式，主動去結識陌生人。

建立良好關係的開始

細細想一想，你會發現人與人的相識，都是從陌生人開始的——認識久了以後，感覺不錯的叫朋友；沒有什麼互動的，叫做普通朋友；如果有緣，就會變成知己……任何關係的建立都是從陌生人開始的。

一個叫大衛・吉薩的人擁有很多朋友，而且其中很多人竟是他在散步時或者外出購物時認識的。

他的一個朋友問他為什麼會那麼自然地跟陌生人搭話，他說：「一開始我也對陌生人心懷畏懼，但是每當我想起我最好的朋友當初都是陌生人時，我的畏懼感就消失了。因為我想：在我開口與他們說話之前，他們都是陌生人；而我一旦跟他們說話，他們就可能成為我的朋友甚至知己。」

說到這一點，我想到自己在哈爾濱上大學時的一段相似的經歷。

那是一個陽光燦爛的午後，我靜靜地看著一群青年男女在彼此朝對方擲雪球，還

有被風吹皺了大衣的另外一些人正躺在長椅上曬太陽。每個人都在享受好時光——只除了我。我身邊的躺椅依然空著，沒有人坐。多年來，幾乎沒有人主動坐在我身旁。

學生時代的我，是一個性格內斂、沉默寡言的人。我也不知道為什麼，與人溝通，對我而言，是一件比較吃力的事情。

然而，當許莎出現在這個晴好的雪天時，我的生命開始朝另外一個方向蔓延——許莎坐在了我身旁的躺椅上。

許莎是我的校友，是學校裡各種活動的積極分子，但我從來沒有和她說過話。我曾經仔細地觀察過此人：她將主動親近陌生人當成是一種樂趣。她的主動示好幾乎能讓所有人身上裹著的那一層寒冰融化——對於陌生人，每個人身上都裹著這層寒冰。她那麼容易親近別人，真令我感到嫉妒。不過，若讓我打破僵局首先對陌生人開口說話，我寧可去死。

但我這種清高的態度並沒嚇退許莎。她將那雙清澈而友好的眼睛轉向我，很自然地微笑著。她並沒有說關於天氣好壞這類無用的套話，也沒有用自我介紹作開場白。她說話時毫不緊張、尷尬，她似乎是在把一個有趣的消息傳達給一個老朋友那樣，她說：「我發現你在觀察那個在滑冰的矮胖子，他是漠河人，聽說他們那裡還有保持著原始生活的少數民族呢。他們的穿著、生活都保持著一種質樸的美……」

許莎的這番話立刻誘導我們進入了美學方面的探討。這正是我感興趣的話題，因為我所學的專業是繪畫。從這兒開始，我們的談話涉及共同感興趣的各個領域。

一個鐘頭之後，當我們停止談話時，我們已經成了好朋友。我自己都覺得是一個奇蹟，因為在此之前，我從未在一個陌生人面前說過如此多的話，更別說是女孩。

我乾脆問許莎：「你與陌生人談話的秘訣是什麼？我的圈子裡就是那麼幾個和我有相同愛好的哥們。我也希望能夠與陌生人成為朋友以擴大我的社交圈子，但我總是望而卻步，害怕遭到拒絕，我對陌生人充滿不可言狀的恐懼。」

許莎用手指著我們眼前的那群人說：「每當回憶起我最好的朋友當初都是陌生人時，我的畏懼就消失了。所以，當我面臨陌生人時，我就想到：在我開口與他們談話之前，他們都是陌生人，而一旦我跟他們說話，他們就可能成為我的朋友。」

我不依不饒地說：「那麼，你就不怕被別人誤解嗎？」

「如果懷著一顆真誠的心，別人一般不會誤解你的動機。」許莎說，「我遇見過不少表面上自負、冷若冰霜的人，我發現他們並非麻木不仁，他們同我一樣熱切地需要友情。說實話，我從未遭到過別人的拒絕。」

隨後幾年的經歷，證明了許莎之言是多麼正確。無論到哪裡，她總能輕易地與那些不同職業的陌生人進行對話，並且受益匪淺。

生活就是如此，萍水相逢的兩個陌生人，只要其中一個先伸出友誼之手，陌生人也許就會變成好友。人活在這個世界上，多個朋友多條路，其實構建人際關係最重要的一點就是從陌生人開始的。從陌生人開始構建自己的「關係」，以下都是不得不注意的要點。

●及時與初識的陌生人聯絡

對於初次結識的陌生人，既然留下了雙方的聯繫方式，就應該及時而主動與之聯絡，建立更深一層的關係，而且要通過不斷的努力鞏固彼此的關係。不要等到有麻煩時才想到別人。它有時就像是一把剪刀，經常用才不會生銹。若是半年以上不聯繫，你可能已經失去這位朋友了。

●不放走任何一個與陌生人建立關係的機會

生活處處是良機，人人都是貴人。隨時隨地重視你所能遇到的每個陌生人，主動加入每一個團體去介紹你自己。與每個陌生人保持密切的聯繫，日積月累下來，大量的人際關係會回饋給你大量的財富。

不要以為位高權重者都是高不可攀的人物。只要抓住竅門和機會，就能聯絡到每一個人。

●懂得抓住機會

街上、飯店大廳、機場、公車站、酒吧、舞會、親友聚會，處處都有不少認識陌生人的機會。跟他們談上一兩個小時，一定可以與之建立關係，並學到東西。出差、旅行也是拓展關係的好機會。

●記下與陌生人建立關係的過程

這個過程不僅要記在腦子裡，有時還要記錄在特定的本子上。就像寫日記一樣，數十年如一日，這可能不容易做到，需要有恒心、有耐力。如果你很認真地對待，不斷增加自己的「關係」，認識的人一定不少。

要追蹤成果，不妨記錄每一次聯繫的情形。在記憶猶新的時候就要趕緊寫下，如果等到日後再來補記，效果就大打折扣了。記錄的要點包括姓名、地址、電話號碼、你的看法以及日後聯絡方法。

要想得到收穫，就一定要下工夫。

●做到從容不迫，堅持「持久戰」

要建立真正的關係，並不像「攻城掠地」那般簡單，還需要長久維護。可持續發展的關係，應該是長久穩固的。正如一位企業界人士所說：「我從不相信在幾分鐘內就跟我稱兄道弟的朋友，如果要雇用一個人來做重要的事，我一定要找信得過的人。」

在《三國演義》裡有劉備三顧茅廬請諸葛亮出山的故事，對諸葛亮來說，劉備無疑是個素未謀面的陌生人，在所有事情的結果還沒有出來之前，誰知與其交結是禍是福？因此，在這件事上，諸葛亮便採取了「持久戰」的方法與他周旋，直到劉備三顧茅廬，將他的誠心完全表現出來以後，才同他一起出山，同謀天下。

好的關係通常要通過長時間的努力才能建立，要成為這方面的高手，至少要有一顆敏感的心及寬闊的胸懷。

溝通APP

對於陌生人，我們之所以敬而遠之，是因為我們對他們存在著偏見，缺乏正確的認識。「世界上沒有陌生人，只有還未認識的朋友。」海明威的話真可謂一語驚醒夢中人。如果你想到親密無間的所有朋友都是從陌生人開始的，那麼，你對陌生人還抱有如此大的恐懼嗎？

職業的要求和檢驗人才的標準

如果你還堅持「千萬別和陌生人說話」，那你的囊中可能會越來越羞澀。權威調查顯示，個人溝通能力越強、和「陌生人」對話的水準越高，其實際收益也越高。

事實上，是否具備與陌生人說話的能力，已經是很多職業的基本要求。

從最偉大的推銷員喬·吉拉德說起

我們先從「世界上最偉大的推銷員」喬·吉拉德說起吧。連續十二年的時間，喬·吉拉德一直在底特律市的一家雪弗萊汽車經銷店擔任汽車零售推銷員。在這期間，他一共售出了一萬三千多部汽車，這一驚人的成就使他登入了金氏世界紀錄，成為「全世界最偉大的推銷員」。

有一點是毋庸置疑的，每天我們都會遇到不同的陌生人。特別是作為推銷員，職業的特殊性，決定了他與陌生人打交道是習以為常的。作為世界上最偉大的推銷員，

喬・吉拉德具有超強的與陌生人打交道的能力。僅舉一例，我們來看看他是如何輕鬆說服陌生人的。

喬・吉拉德從電話簿上隨手撕下兩頁，然後他是這樣做的：首先，他注視著那張電話名單兩三分鐘，找出那些聽起來悅耳的名字，然後拿起話筒撥號。

一位女性來接電話。

「喂，您是克瓦爾太太吧！我是梅諾麗絲雪弗萊汽車公司的喬・吉拉德，您訂購的車子已經到了，所以通知您一聲。」（請注意，這個電話是喬・吉拉德隨便打的，當時眼睛還注視著電話簿的他，只知道對方的電話號碼、住址而已，至於談話內容亦僅能隨機應變罷了。）

「你恐怕打錯了吧？我們並沒有購買車子啊！」

「真的嗎？」

「當然，因為我並沒有聽我先生提起過。」（此時，他依然不想退卻。）

「請稍等，您那裡是克瓦爾先生家嗎？」

「不，我先生的名字是史蒂芬。」（其實，電話簿上已經有記載，他早已明白。）

「真對不起，打擾您了。」（這時候，她可能會說「哪裡，哪裡」或「沒關係」，不管如何，他的工作尚未完成，所以他不會讓她掛斷電話。）

「史蒂芬太太，您家不想買新車嗎？」（她也許會說：「這個嘛，得問我先生的意見。」）

「是嗎？那麼什麼時候打電話給您先生比較方便呢？」

「他平常六點回家。」

「我知道了，等一會兒我再打電話過來，希望不會打擾你們吃晚飯。」

「我們晚飯時間通常是在六點半左右。」（等對方回答後，喬・吉拉德才滿意地掛斷電話。到了六點，他會做什麼事情相信已無須贅言。）

「喂，您是史蒂芬先生嗎？我是梅諾麗絲雪弗萊汽車公司的喬・吉拉德，今天下午我打電話給您太太時，她要我這個時候再打電話給您，我想請問你是否有意購買雪弗萊新車。」

「不，目前尚無此打算。」

「那什麼時候您想購買呢？」（對方或許只想儘量早一點擺脫他，但與其考慮如何說謊話，還不如說出真心話較輕鬆！）

「大概半年後就必須換新車了。」（於是，他開始做結論。）

「我知道了，屆時我再跟您聯絡。我很冒昧地請問，您現在開的是什麼牌子的汽

車呢？」

對方回答後，喬・吉拉德向他道謝並掛斷電話，隨即將他的名字、住址、電話號碼及通過談話所瞭解的有關他工作的地點、子女人數等一切資料，全部記在卡片上，做成卷宗和郵票廣告名冊。且在日記簿上不是他所說的六個月後，而是在五個月後某一天的六點那一欄寫下來。到了那一天，喬・吉拉德再打電話給他，並將盡其所能地讓他產生想買他所說車子的欲望。

一個只有電話聯繫的陌生人，就這樣成了他的準客戶。

從上面的例子中，我們不難看出，喬・吉拉德看似隨意的一個電話拜訪，實際上包含了很多技巧。這些技巧往往就是推銷員安身立命之本，是職業所需。如果不具備這種能力，就說明你不適合做推銷這一行，至少可以說你不是一個優秀推銷員。

和陌生人打交道，是職業所需

和陌生人打交道的能力現在已經成為很多行業必須具備的素質，像多如繁星的保險推銷員、各種業務代表、廣告推銷員、經紀人等。他們通過面談、電話、郵件等方式向陌生人進行推銷。

開發新客戶（將陌生客戶轉化為準客戶），一般從事行銷和服務類的公司對員工都有嚴格的指標。這些指標包括：一年計畫要開發多少個新客戶，一月要開發多少個新客戶。為了完成這個指標，就細分為一天要拜訪多少個陌生客戶，一天要打多少個陌生電話等等。嚴格執行這些指標是保證其公司年銷售目標的基礎，因此，可以說，和陌生人溝通的能力，是直接影響你口袋裡回報多少的關鍵因素。

從目前的銷售方式而言，業務員與陌生客戶進行交流主要通過面談、電話、網路、郵件等方式。而面對面進行陌生拜訪是最為常見的方法，很多成功的推銷員都是從拜訪陌生人起步的。

陌生拜訪，儘管會受到冷遇，受到委屈，但可以鍛煉人的意志，錘煉人的修養。只要堅持下來了，就能與客戶建立良好的關係，時間長了，一定會有所收穫。

有行銷專家建議，要立志做一個成功的銷售人員，必須堅持每天最低限度和四個陌生人認識並交談。

作為銷售員，如果要求你每天要和四個陌生人談生意，你一定感到有壓力，但當你轉變心態，去認識四個朋友，瞭解他們的名字上的特色和出處、指出與眾不同的地方、瞭解他工作的情況、明白他們工作上的困難以及體驗他們保持今天成就的竅門，相信陌生人也樂意向你吐苦水。

只有你成為好聽眾之後，陌生人才會與你成為好朋友。由陌生人而變成朋友，由朋友變成客戶，這個方程式是要遵守的。

當你回家的時候，首先要自我檢討一下，今天是否早已認識了四位陌生人，而且吩咐家人對自己進行監督。如果還沒有達到目標便吃晚飯，你一定要急急吃完飯便起身，走出家門去和人攀談。

當你養成了這種習慣並督促自己完成之後，你便會將工作變成一種樂趣。

檢驗人才的試金石

會不會和陌生人說話已成為面試的一個必考的問題，一些用人單位為考察應聘者的反應能力，將求職者對陌生人的處理方式也列入招聘條件。那些對陌生人置之不理的求職者，被認為不具有開拓精神而被棄用。

一家銷售公司招聘一名部門主管，報名者眾多。在面試時，這家公司的人事經理出人意料地問他們：「如果你們在路上遇到陌生人會如何對待？」

不少求職者表示，他們不會輕易理睬陌生人，因為從小父母就是這麼教育他們的。這樣回答問題的求職者首先被淘汰了。

這位人事經理認為，作為一個銷售公司的部門主管，必須學會和陌生人相處，這樣才能不斷汲取養分，更好地開展自己的工作；而不善於與人溝通、閉關自守、前怕狼後怕虎的人，往往不具有開拓精神，很難創造出突出的業績。

人力資源專家也認為，應把善於和陌生人交往當做人才不可缺少的能力。但應注意的是，不同的崗位應區別對待，銷售、企劃、宣傳等工作，與陌生人溝通的機會較多，就必須強調在這方面的能力。

由此，會不會和陌生人說話成了檢驗人才的試金石。顯而易見，能夠不斷的開發新客戶，擴大自己業務的人，自然是經得起市場檢驗的人，其得到的機會和待遇與一般人無疑是不同。

如果你想從事或者正在從事行銷、服務等行業的工作，提升和陌生人溝通的能力是不可或缺的必修課。因為和陌生人說話的能力已經成為檢驗你工作能力和績效的試金石——個人溝通能力越強、和「陌生人」對話的水準越高，其實際收益也越高。如果你還堅持「千萬別和陌生人說話」，那你的囊中可能會越來越羞澀。

閱之不盡的亮麗風景

很多人對陌生人敬而遠之，他們就永遠無法領略到與陌生人相處的妙處。和有些陌生人交往，就像是欣賞亮麗的風景，隨著你與其交流越來越深入，你就會發現一些意想不到的東西和驚喜。

陌生人，導引我們領略驚喜

「愛上陌生人」，其實已經成為當下一部分人的時髦做法，他們通過各種各樣的形式與陌生人保持著親密的關係，也享受那份獨特的情誼。

記得一個周日的夜晚，我還在忙碌地工作著。手機響了，周圍嘈雜的聲音使我聽不見對方的聲音，我只能掛斷電話給對方發一個訊息。忙中弄錯了一個數字，直到那個陌生人發來表示疑問的「？」我才發現手機號碼太相似了！我連忙給這個不知名的人發訊息表示歉意。很快，回信來了，她（他）說：「沒有關係。」

雖然很疲憊，但這個小插曲給了我一種放鬆的感覺。在好心情的驅使下，我發了一個笑臉「：）」，對方也回了訊息，就這樣我跟陌生人一來二去地發起訊息來，其中，不乏一些充滿智慧的小笑話。雖然身邊是一堆應酬，但是不知怎的心情一下輕鬆起來。接連幾天，我們都這樣友好地聯繫著。

我沒有想到的是，這樣一個意外的錯誤，竟然給自己帶來了一份意外的美麗心情。發展到後來，這個陌生人成了我現實生活中很好的一位朋友。

對陌生人的這種感覺，在我做記者的生涯中也同樣縈繞在心間。多年來，我以記者的身分跑遍世界各地，我和陌生人的談話有許多是一生難忘的。這就好像你不停地打開一些禮物盒，事前卻完全不知道裡面有什麼。

老實說，陌生人最吸引人之處，就在於我們對他們一無所知。譬如說新奧爾良有個修女，她看起來溫文爾雅，不問世事。但是我不久便發現，她的工作原來是協助粗野的年輕釋囚重新做人。

跟我談過話的陌生人，幾乎每一個都使我獲益匪淺。我在加拿大的公園裡遇到過一個園丁，園丁告訴我關於植物生長的知識，比我從任何地方學到的都多。在挪威奧斯陸，一個第二次世界大戰時參加秘密抵抗組織的戰士，帶我到海邊的一個荒涼高地，告訴我說就在那個地方，納粹為了報復抵抗組織的襲擊而把人質處決……

繁華的都市，人海茫茫，無論是在工作中，還是在日常的生活中，與我們相遇或者擦肩而過的陌生人，如過江之鯽。雖說大多數的人對陌生人敬而遠之，但是當下的都市人或多或少都與陌生人有過「親密的接觸」。

我們就是通過與陌生人溝通，從而來認識自己的。因為我們可能對一個陌生人說出我們時常想說，但又不敢向親友開口的心裡話，他們因此便成了我們認識自己的一面新鏡子。這些都是陌生人帶給我們的好處，其中的滋味，只有當你深入陌生人的內心，你才會真正體會得到。

都市情景劇：白領「愛上陌生人」

我有位做電視編導的朋友，最近瘋狂愛上了網路「殺人遊戲」。自從她無意中發現並加入一個「殺人」群後，便一發不可收拾。每個週末和一群陌生人不殺到夜裡兩點不甘休。

另一好友，是某時尚雜誌編輯，年前加入了某戶外俱樂部，每週一次和俱樂部裡的朋友打球或游泳，雷打不動。據說久而久之，她早已和原來的陌生人打成一片，很多還成了生活中的好朋友。

這兩位的行為絕對與前些年那句流行語「不要和陌生人說話」大相徑庭，她們不僅和陌生人說話，看樣子還愛上了陌生人呢。如今這樣的人挺多，網路為天涯海角的陌生人搭建了一座交流的橋樑。

陌生人帶來全新的生活，也許那些正是你曾經極度好奇的狀態。陌生總比熟悉來得新鮮，因而富有魅力。

都市狀態：與陌生人的「拼」生活

我們與親人共用天倫，我們向密友傾訴心事，我們和同事致力公司成長……可當我們愛上陌生人之後，將上演怎樣的生活呢？

「拼」生活就是答案。這裡的拼，不是拼命的拼，而是拼湊的意思。生活中的很多事情都與他人，或熟人朋友，抑或陌生人一起拼湊著來。拼房、拼車、拼飯、拼卡、拼班……只要想拼，沒有什麼不可以。因為做個拼客實在好處多多。

這種同城、同階層的自由互助行為讓人愉悅，也展示著一種聰明又節約的生活理念。你可以因拼飯而以最低的消費品嘗到各式各樣的美食，你也可以因拼房節省將近百分之五十的租金。除此之外，可以認識更多的朋友，資源分享，便利生活，其中細節只有參與者才能領略。

「愛上陌生人」的另外幾種方式

我們現在與陌生人的距離越來越近，與陌生人相遇的方式也越來越豐富多彩。看著上面介紹的與陌生人一起的那些絢麗多彩的生活，你一定想知道如何才能擴大自己的社交圈，讓自己的生活更加豐富多彩。除了參加平常的朋友、社交聚會之外，還有什麼？

其實像攝影俱樂部、車友會、戶外俱樂部……各種主題俱樂部不勝枚舉。除了擴大自己的交際範圍之外，更可以獲得圈子內部的一些資訊，有助於事業或愛好的發展，更多的累積了自己的社會關係。

溝通APP

每個陌生人都是一本你未知其內容的書，因為未知，所以引人入勝。不管內容是否精彩，你總能夠從中獲益。與陌生人最好的交流，莫過於彼此心靈相通，一次邂逅成為彼此生命的一部分。所以，相逢何必曾相識呢？大膽地敞開心扉，伸出手去結識別人吧。

提升交際能力的磨刀石

和陌生人溝通是提升交際能力的磨刀石，在提升交際能力方面的效用不可低估。

可以體現和加強一個人的信心

有位私人老闆曾經對我說過這樣一番話：「我在廣州認識的所有朋友在幾年前都是陌生人。一個人一輩子會跟多少人說話，就表示會遇到多少個陌生人；很多人覺得男人喜歡陌生人是因為期待豔遇，不過這種機遇非常小。」

這位老闆是因為女朋友調到廣州工作，才跟來的。他喜歡運動，每天下班以後去打籃球，周圍一起打球的都是陌生人，連語言溝通都不需要，脫了衣服上場就是了，慢慢地大家都成了朋友。雖然他是一個話不多的人，但是卻喜歡用心去結交新朋友，所有的陌生人一開始就已經被他當成朋友來看待了。

他認為，這個世界上所有人都是一樣的，至於他們會給自己帶來平安還是危險，主要還是看你在與其交往的過程中是否採取了恰當的方式。

有一次生意不順，他一個人坐在酒吧裡喝悶酒，一個女人坐在他旁邊，長什麼樣現在他都忘記了。他只記得自己不停地說，說了一晚上。還是那女人幫他叫的車，回到家，酒醒了，發現她在自己口袋裡留了一個紙條。上面寫著：「其實我不過是想進來喝杯酒就走的，沒想到被你抓到當垃圾筒。看在我當了一個晚上義工的分上，醒酒的你也該高興一點。」

這是他對所有陌生人中最美好的記憶，其餘的即使是陌生人，現在也已經是熟人了，真正的陌生人在他記憶裡不會留下任何影子。

從這位私人老闆的經歷中，我們不難看出他的信心。這種信心既來自於他對自己交際能力的信任，也源於他對別人的信任。這種信心在與人的交往中得到良性鞏固，就會更加增強他的信心，更能使他在工作和生活的各種交際中如魚得水。

和陌生人進行一次交談，可能讓我們吸收到新資訊，也可能驗證我們對人性的一些觀念，還可能使我們感受到人與人之間的熱情、信任，這些良性的結果必定增強一個人對生活的信心。

能體現獨立性，有助人格的發展

據報導，有間中學明文規定「不要和陌生人說話」。很多學生感到不可理解，下課後相互開玩笑：「我沒見過你，絕不能跟你說一句話。」

出於保護青少年的目的，校規當然是善意的，但善意的不意味是合理的。「不要和陌生人說話」實際上是把陌生人一棒子打死，實質上是告訴學生，這是一個「壞人社會」，人人都需要提防。

教育學生學會防範是學校的責任，但把防範絕對化，延伸到跟所有陌生人不說話，就是因噎廢食。告訴學生有人吃飯的時候沒注意噎著了，從此別吃飯了。路上發生過車禍，從此別上路；飛機失事，從此就不再坐飛機；森林裡有過狼，從此不要進入森林；有個員警曾經是個敗類，從此不要接觸員警……

害怕陌生人，把自己封閉起來，不僅不利於學生認知社會，也容易讓學生失去與人交流的快樂。

如果是幼稚園的孩子或者小學生，在他們缺少辨識能力的情況下這樣教育尚情有可原，而中學生完全應該有基本的辨識能力了，還怕和陌生人說話？把中學生關在「熟人社會」的籠子裡，排斥陌生人，容易讓孩子變成井底之蛙，只看到頭頂的一片

狹小之天，不知天地之大。

大家都明白，和熟人打交道，說話的方式依附於社會關係，服從說話人的身分，很多時候並非是個人獨立意志的表達。和陌生人說話則不一樣，互相之間常常作為獨立的個體交往，彼此沒有切身的利益關係，雙方見到的都只是眼前的這個人，不會特殊關照也不會有什麼成見，相對客觀、平等。

這種完全對等的關係，對青少年時期的人格成長是很有幫助的。許多孩子只有離開父母去學校和社會中獨立生活以後才真正長大懂事，部分原因就在這裡。

所以說，與陌生人交往，能培養自己的獨立性，有助人格的發展。

能鍛煉口才和人際溝通藝術

一位月收入兩萬多的行銷主管，就是從拜訪陌生人做起的。她說：「我剛入行的時候，什麼都不會，主任見我膽子小，就有意要鍛煉我的膽量，他讓我先做陌生拜訪。我後來發現，儘量拜訪後能簽單的機率很小，可拜訪中學會了交談，鍛煉了膽識，掌握了行銷的技巧，從業務實踐中獲得了知識，同時也從行動中獲得了成功的經驗和失敗的教訓。」

熟人之間，彼此都很瞭解，不用太注意說話的方式和技巧。而陌生人之間的交往從零開始，需要有意識地運用溝通技巧來建立關係，多次下來，人際溝通能力和口才就會得到提高。

溝通APP

熟人之間往往不需要太多的溝通技巧，因為是熟人，他們瞭解你的性格和為人，在這種情況下，溝通一般都會暢通無阻。而對於陌生人，你對他而言是完全未知的，因為未知就會讓對方產生隔閡、懷疑、誤解……正是這些因素，你就很難讓他接受你。而如果你接受這種考驗，最後一一攻克它們，那麼，你的交際水準無疑會得到空前的提高。

陌生人，有時是喬裝的貴人

種種事實足以證明，陌生人在我們的生活中有著極為重要的價值。如果產品只賣給熟人，那麼我們的生意就很小；如果我們只能影響熟人，我們就沒有公共領導能力；如果只有熟人才可以取得合作優先權，這個社會就變得非常特權化而缺少公平；如果只有熟人之間才說話，這個世界就會變得非常冷寂。

我們的父母在他們青少年時代是陌生人，後來成了夫妻；我們的同學，在他們成為我們同一教室的學習夥伴之前，也是陌生人；我們的同事在被招進這個公司之前也互不相識。但是，由於某種共同的場景，以及在這一場景中某種合理的互動，使得兩個或者多個陌生人打破陌生的牆紙，走出了第一步。

生活中很多的例子足以說明結交陌生人的重要性了。很多的人就是因為沒有意識到陌生人的重要性，從而失去了很多的機會。我身邊的朋友就曾發生這樣的事情。

矜持，讓女貴人擦肩而過

我有兩位未婚的同事：一位姓張，一位姓劉。張君長相一般，但是性格開朗，喜歡交朋友；劉君長得一表人才，工作能力也較強，但性格內斂。

有次他們一同坐火車去杭州出差，那天他們的對面坐著一位亭亭玉立的女孩。女孩長得文文靜靜，手裡捧著一本厚厚的書在「啃」，似乎沒感覺到兩位男士的存在。兩位同事都感覺眼前一亮，覺得這樣的女孩就是自己夢寐以求的女孩。

劉君心裡雖有意，但當他看到女孩只顧著看自己的書，一副冷冰冰的樣子，像是告訴他「我不認識你，請不要和我說話！」他的心就冷了下來，乾脆雙手交叉抱在胸前，閉上眼睛，佯裝睡覺的樣子。

就在他佯裝睡覺的時候，張君跟那女孩搭訕起來：「你好！小姐可真是勤學的人啊，能問你看的什麼書嗎？」

女孩放下書，莞爾一笑說：「你也喜歡看書嗎？」

「是啊！讀書已經成為了我的習慣，只不過沒有達到你這麼好學的程度，只是在上廁所和每晚臨睡前看上幾頁！」

……

就這樣你一言，我一語圍繞著讀書的主題，兩人越聊越熟，儼然老朋友一般。然後，由讀書的話題過渡到生活方面的主題上。

一直在佯裝睡覺的劉君，看到兩人談得這麼投機，心裡後悔不迭，後悔自己因為膽怯而失去主動與女孩認識的機會。

火車快到站時，女孩主動給他們留下了她的聯繫方式。

後來，他們辦完了事。臨行時，劉君就不由自主想起那個女孩，覺得應該最後爭取一下機會。其實，從火車上第一次見到那個女孩開始，他就像是著了魔一樣，對她戀戀不捨。於是，他發了條訊息給她，委婉地表達了自己喜歡她的意思。

訊息過了好久才回，大意是這樣的：

謝謝你的抬愛！其實我和你一樣，從見到你的那一刻起，我就對你產生了好感。但是，你以雙手交叉裝睡的姿態澆滅了我心中的火焰，我看到的是冷漠。再加上後來你的同事主動和我認識了，我發現他是一個富有生活情趣的人，而且為人豁達而主動，我喜歡的就是這樣的男生。人與人之間的感情有很多種，我相信你會成為我感情之外最好的朋友。

劉君看到這條訊息，心冷得像寒冷的冬天，其實他並非是一個對生活缺乏熱情的人，人也挺上進，然而，就因為這一時的矜持，卻給對方留下了不好的印象，最後導致了與心愛的女孩擦肩而過的遺憾。

後來的發展情節可想而知，那女孩與張君成了一對，而劉君只能強顏歡笑與他們做普通朋友。

這樣的故事，大家聽起來可能有些耳熟，因為它就發生在每個人的身邊。只要你留意一下，你身邊哪個朋友，可能也有過類似的經歷——因為沒有勇氣向心儀的異性表白，而讓心愛的人成為真正意義上的陌生人。同時，也葬送了自己一生的幸福。

對陌生人投之以桃，可能就會獲之以李

愛情如此，生活中的任何方面都是一樣的。如果你還抱著「不要與陌生人說話」的觀念不放，那麼，機遇之神永遠不會垂青於你。

柏年在美國的律師事務所剛開業時，連一台影印機都買不起。移民潮一浪接一浪地湧進美國的豐田沃土時，他接了許多移民的案子，常常深更半夜被喚到移民局的拘留所領人。他開一輛掉了漆的二手車，在小鎮間奔波，兢兢業業地做執業律師。終於媳婦熬成了婆，電話線換成了四條，擴大了辦公室，又雇用了專職秘書、辦案人員，

氣派地開起了「賓士」，處處受到禮遇。

然而，天有不測風雲，一念之差，他因投資股票而將資產幾乎虧盡。更不巧的是，歲末年初，移民法又被再次修改，職業移民名額削減，他的律師事務所頓時門庭冷落，面臨著倒閉。

這時，他收到了一封信，是一家公司總裁寫的，信的內容是：願意將公司百分之三十的股權轉讓給他，並聘他為公司和其他兩家分公司的終身法人代理。他不敢相信自己的眼睛。

他找上門去，總裁是個只有四十開外的波蘭裔中年人。

「還記得我嗎？」總裁問。

他搖搖頭，總裁微微一笑，從碩大的辦公桌的抽屜裡拿出一張皺巴巴的五塊錢匯票，上面夾的名片，印著柏年律師的地址、電話。他實在想不起還有這一樁事情。

「十年前，在移民局……」總裁開口了，「我在排隊辦工卡，排到我時，移民局已經快關門了。當時，我不知道工卡的申請費用漲了五塊錢，移民局不收個人支票，我又沒有多餘的現金，如果我那天拿不到工卡，雇主就會另雇他人了。這時，是你遞了五塊錢上來，我要你留下地址，好把錢還給你，你就給了我這張名片。」

他也漸漸回憶起來了，但是仍將信將疑地問：「後來呢？」

「後來我就在這家公司工作，很快我就發明了兩個專利。我到公司上班後的第一天就想把這張匯票寄出，但是一直沒有。我單槍匹馬來到美國闖天下，經歷了許多冷遇和磨難。這五塊錢改變了我對人生的態度，所以，我不能隨隨便便就寄出這張匯票……」

我們設想一下，如果柏年對萍水相逢的這位未來總裁抱有提防的觀念，不對他伸出援助之手，他會得到這樣的回報嗎？再設想一下，在我們每個人的人生旅途中，又有多少這樣的機會，因為我們對陌生人的偏見或者是自己的矜持，讓機遇之神與我們錯過呢？

敢於與陌生人交流，才會巧遇貴人

貴人分兩種：一種是已存在的貴人，例如你的朋友、上司，另一種是潛在的貴人，這種人現在對你來說，還只是陌生人，但通過爭取，他們也會成為你的貴人，並給你極大的幫助。

曾經在雜誌上看到這樣一個真實的故事。

紐約的計程車司機約克，每天都要開著車子在大街上找乘客，星期三一大早，在六十八街紐約醫院對面，他碰上紅燈，停車等候。這時他看到一個穿得很體面的人從醫院的台階上疾步下來，舉手叫車。

正在這時，綠燈亮了，後面那部車子的司機不耐煩地按喇叭，約克也聽到員警吹哨子要他開走，但是他不打算放棄這個客人。終於那人來到了，跳進汽車。他說：「去機場，謝謝你等我。」

約克心裡想：真是好消息，星期三早上，機場很熱鬧，如果運氣好，我可能有回程乘客，那就太好了。

過了一會兒，乘客開口跟他攀談，問得再平常不過：「你喜歡開計程車嗎？」這是一個很普通的問題，約克也給他一個很普通的回答：「還不錯。糊口不成問題，有時還會遇到有趣的人。可是如果我能夠找到一份工作，每星期多賺一百元，我就會改行，你也會吧？」

「如果要我每星期減薪一百元，我也不會改行。」

他的回答引起了約克的興趣，他從來沒有聽過人說這樣的話。

「你是幹哪一行的？」

「我在紐約醫院的神經科做事。」

約克對他的乘客總感到很好奇，並且儘量向人討教。在行車的許多時候，他都跟乘客談得很投機，也時常得到做會計師、律師、水管匠的乘客友好指點。也許這個人真的喜歡他的工作，也許只是因為在這春日早晨，他的心情很好。不過，約克決定了請他幫忙。他們很快就要到達飛機場了，約克於是不顧一切對他說了出來：「我可以請你幫我一個忙嗎？」

乘客沒有開口。

「我有一個兒子，十五歲，是個很乖的孩子，他在學校裡成績很好。今年夏天我們想叫他參加夏令營，他卻想做暑期工。可是十五歲的孩子，如果他老爸不認識一些老闆，就不會有人雇用他。而我一個老闆也不認識。」約克停了一下，「你有可能幫他找一份暑期工作嗎？沒有酬勞也行。」

乘客仍然沒有開口。

約克開始覺得自己很傻，實在不應該提出這個問題。

最後，車子開到機場大廈的門口時，乘客說：「醫科學生暑期有一項研究計畫要做，也許他可以去幫忙，叫他把學校成績單寄給我吧。」

回家後，約克讓兒子威廉按乘客留下的地址寄出了成績單。

兩個星期後，約克下班回家，見到兒子滿面笑容。兒子遞給爸爸一封用很講究

的凹凸信紙寫給他的信，信紙上端印著「紐約醫院神經科主任安德魯·霍華德醫學博士」一行字。信中叫他打電話給霍華德醫生的秘書，約個時間面談。

約克興奮得簡直要跳起來，其實在他開口向陌生人求助時，並沒有對這件事抱太大的希望，誰能指望一個陌生人會幫這麼大的忙呢！他相信自己真的是遇到了貴人。

威廉在那所醫院裡做了一個暑期的義工，霍華德醫生給了他兩百美元工資。第二年威廉又去那裡做了暑期工，並漸漸地愛上了這一行。高中快畢業時，他申請進醫學院，霍華德醫生又熱情地替他寫了推薦信，推薦他的才能和人品。幾年後，威廉取得醫學博士學位，並在霍華德醫生那裡工作了六年。現在計程車司機約克的兒子已經成為紐約醫院眼科的主任醫生了。

人們總是習慣地認為，能幫助自己的貴人，必定是跟自己有密切關係的人。其實未必，只要你有與人交往的良好意願，那麼你也可以把陌生人變成朋友，並讓他幫你的大忙。

在有些人看來，約克似乎做了件很傻、很冒昧的事——在計程車上向陌生人求助，但事實上這正是約克的聰明之處，他從不放棄尋找貴人的機會，比如他就曾多次從做會計師、律師的乘客那裡獲得幫助。可見貴人並沒有什麼特定的指代對象，只要你願意，你可以自己從生活中發掘貴人。

約克的經歷告訴了我們這樣一個道理：陌生人也會給我們帶來無窮的機會。當我們有困難的時候，不要害怕向陌生人求助，也許他就是你潛在的貴人。

毋庸置疑，每個人都渴望生命中的貴人出現。因為人人都知道，貴人是我們通往成功的捷徑。可是，卻鮮有人知，貴人有時候就藏在與你素不相識的陌生人當中。

也許你會覺得這樣千載難逢的機會，純屬巧合，並不是每個人都可能得到的。其實不然，如果你懂得以心換心的付出，不管是熟人還是陌生人，你都會得到意想不到的回報的。

溝通APP

人們常常抱怨沒有機會，可是機會來臨的時候，你躲在了哪裡呢？陌生人是我們潛在的貴人，是喬裝而來的機遇之神，如果我們將陌生人拒之於千里之外，那麼，我們只能眼睜睜看著機會與我們擦身而過，扼腕歎息。

讓陌生人「喜歡你」有訣竅

據說：前世五百次的回眸才換得今世的擦肩而過，
那麼，我們的前世是積攢了多少次的回眸，才換得與陌生人的相遇啊！
也許你會認為：人海茫茫，相遇是平凡的事情，但正是基於這種心理，
讓許多原本可以成為你生命中的貴人擦肩而過。
如果我們想要獲得陌生人的好感，
將他們轉變成自己生命中的貴人，不講究策略是不行的。

從「偏愛陌生人」的外國人說起

比起國人的矜持，很多外國人卻「偏愛陌生人」。一些常年在國外工作和生活的人，他們有一個共同的感受，那就是經常能從陌生人那裡看到微笑、聽到問候、得到幫助。

不可否認，很多因素使當今世界存在溝通困境，如美國人心中的恐怖陰影、中南美洲的毒品問題、印度的貧富差距……然而，在這些國家，大多數人仍對陌生人禮貌、誠懇、熱情。前面已經說過，對於陌生人需要一個開放的態度，沒有這種開放和坦然的心懷，是無法讓陌生人喜歡你，與你打成一片的。下面我們就看看一些國家的人對待陌生人的態度。

美國：九一一並沒有改變一切

九一一事件發生後，普通美國人的防範心理加重了許多，這是可以理解的，但它

並沒有改變一切。

李浩是兩年前到美國的。下飛機那天飄著小雨，他沒有找到來接機的親戚，沒辦法，只能一個人向親戚家摸去。但走了好久還是沒找到，而且路上一個行人也沒有。於是，他決定找一戶人家借電話。

當時已經是晚上十一點多了，他做好了各種心理準備，比如被人轟出來，甚至被員警帶走。結果，敲門聲過後，開門的是一位老太太，李浩結結巴巴地用英語表明了來意。出乎意料的是，老太太很熱情地答應了他的要求。打完電話，在等待親戚來接的時候，他問老太太為什麼會讓他進來，難道不害怕嗎？

老太太說，自從九一一事件發生後，政府告誡大家不要給陌生人開門。但她認為這樣做使得人和人之間變得不信任，所以她寧可冒險來幫助別人，也不願意看到人們之間失去這種珍貴的情感。

如果說在困境中得到的是感動，那麼在日常生活中得到的往往是溫馨。李浩所住的社區附近有一個郵局，因為距離比較近，所以他總是走路去寄信。

路上總會碰到遛狗的中年夫婦、跑步的年輕女孩，或者匆匆走路的行人，這些陌生人總是很親切地和他打招呼，一聲「你好」或微笑地點點頭。有一次，一位老人甚至脫帽向他行禮，讓他受寵若驚。

有人說，美國人對待陌生人相對熱情的態度和它的文化傳統有很大關係。幾乎每個美國人在小時候都上過一門課——「不要和陌生人說話」，但當他們長大後，都會被鼓勵和陌生人進行交談，甚至學校會專門設置一些特殊的環境來培養他們和陌生人交流的能力。

美國的節假日多，各種各樣的組織舉辦的聚會也很多。在這些聚會上，大家在一起相談甚歡，說不定有些人認識才幾分鐘而已。另一方面，美國地廣人稀，美國人常常需要為了工作、學習或者其他原因而遷徙，因此每個陌生人都有可能成為他們的朋友，這就使得他們更加善談。

日本：「傻乎乎」的人招人喜歡

與美國相比，日本人口密度大，自然環境惡劣，可以說難占「天時」、「地利」，因此只求「人和」。

日本人對待陌生人有三個特點。

第一個特點是講禮貌。

一位中國著名學者訪問日本後曾說：「日本人的腰和脖子大概不會得病，因為他們每天鞠躬的次數太多了。」

在一座樓裡住的房客，相互連名字都不知道，但他們一定會主動搶著打招呼，越是年輕漂亮的女孩子越主動，反而是一些中年男人略顯矜持。

日本人講禮貌的重點是「禮讓」，尤其是對陌生人。在日本經常遇到這樣的情況：乘電梯時，總是那位最先進入電梯的人走到按鍵處，按住開關，讓大家依次進入。到達相應樓層時，又是這位按住開關，請大家先下，每人走出時都會向這位「先人後己者」道聲感謝，此人也欣然受之。

第二個特點是講誠信。

有句話：「逢人只說三分話，未可全拋一片心。」但日本人對陌生人大都是「無罪推定」，大都假定對方是好人，一般人的防範心理都不強。

日本有個詞叫「和平傻子」，意思是環境太和諧、平穩了，人們遇不到壞人，慢慢會不懂得防範。因此日本電視台專門製作節目，看日本人到各國去如何被人坑，但這些被坑的人在節目中其實都是被「歌頌」的對象，日本人也是認為這樣「傻乎乎」的人招人喜歡，太精明、不上當的人並不吃香。在日本，「被騙」的事情也時有發生，但這並不影響人們與人為善、相互信任的態度。因為人們懂得：不能「因噎廢食」，誠信比相互猜疑更重要。

第三個特點是體制、規範、價值觀念配套。

人是社會關係的總和，除了個人性格，一般文化、宗教等社會因素的作用也很大。例如，日本人崇尚「龜兔賽跑」中的烏龜，常自比烏龜，意思是說自己笨，但誠懇、老老實實地苦幹。

在這樣的社會環境中，耍小聰明、坑蒙拐騙的成本太高，而做老實人又省心、又不吃虧。

巴西：拍手可以解決內急

南美人特有的熱情總能讓你感到意外。

在一般國家，如果路人內急，想找個地方方便是件很麻煩的事。在巴西則不然，一個約定俗成的做法是如果你突然想上廁所，隨便到哪一家的門口，在離門三步遠的地方拍三下手掌，主人馬上會熱情邀你進去解決問題，更會問候你幾句，給你遞上一杯清水。

有一次，巴西當地一位居民宴請一位中國人。由於這位中國人是第一次來這裡，他開車走了幾個來回，就是找不到要去的地方。正當他不知所措，停車看地圖時，迎面走來了一對母女，他立即下車向她們問路。看過地址後，母女倆低聲商量了一下，

女兒對這位中國人說，這個地方不太容易找，她們也不太熟悉但可以幫忙。於是，母女倆上了這位中國人的車，在她們的指點下，車繞了三個街口，才找到要去的地方。

當中國人一再表示感謝並堅持要送她們回家時，她們才坦率地說，她們是飯後出來散步的，碰巧幫了一點小忙，不值得謝，巴西人都會這麼做的。

印度：乞丐的鄰居可能是富翁

到過印度的人，感覺印度人與人之間的關係和國內相比要簡單得多。在這裡，乞丐可以心安理得地在富翁的豪宅門口搭個棚過日子，而不用擔心遭到驅趕；即使在新德里最高級的住宅社區，走街串巷的小販們敲開一戶人家的大門討口水喝，主人也會非常樂意地滿足他這個要求。

在新德里你可以到處看到，許多騎摩托車的印度人會在路口等紅燈時相互聊天，很多時候他們並不認識，從他們的表情和手勢來看，自己的坐騎、前方道路交通情況等都會成為聊天的話題。如果你遇到找不到地方的情形而不得不向當地人詢問時，往往會有一大群人圍過來，熱情指點，有時候還會有人主動要求帶路。

在向許多印度人詢問「為何不會對陌生人冷漠」時，他們都覺得這是一個根本不需要回答、也沒有答案的問題，因為「事情本來就是這個樣子的」。

向陌生人提供幫助是印度社會的一個傳統，也是印度宗教所提倡的美德。數千年來，一些印度教徒往往帶上一隻碗便開始雲遊四方，到別人家裡住一晚、討一點飯吃被認為是再正常不過的事了，整個印度社會也將這種為陌生人提供力所能及的幫助視為一種傳統。

有人認為，對陌生人的態度是一個國家文明程度、社會和諧程度的重要標誌。這一點不無道理，一葉而知秋，通過人們對陌生人的態度，我們可以看到一個國家的文明和和諧程度。要讓陌生人喜歡你，首先，我們就需要學習和借鑒外國人這種對陌生人的開放態度。

打好「第一印象」這張牌

人們可以通過第一印象來判斷你的身分、背景以及你的未來，所以千萬不要忽視第一印象的重要性。

有句俗話「先入為主」，用來形容人的第一印象十分合適。無論這個標準是正確還是錯誤的，人們都會把第一印象作為評斷交往對象的標準，因此，在與陌生人的交往中，我們要把握好自己給別人的第一印象。

形成第一印象，不用一秒鐘

人的第一印象其實很短暫，有人覺得是第一次的見面，有的則覺得是看到對方的第一眼。不管怎麼樣，第一印象就是人們在初次見面時所打的印象分，而這個分數還是很難更改的。

普林斯頓大學心理學系教授托多拉夫表示，人類在看到一張陌生的面孔時，不用與對方進行任何語言溝通，也不用對方做出什麼表情或動作，大腦就會在極短的時間內對陌生人諸多方面的素質、品行作出判斷。

在研究中，托多拉夫和他的同事們將一些陌生人的照片分發給兩百名志願者，要求他們對陌生人喜愛程度、做事能力、性格特點甚至是危險性作出判斷。

研究結果表明，人們能在十分之一秒內閃電般地形成對陌生人上述內容的判斷。而且不管是用十分之一秒時間流覽照片，還是用半秒或一秒時間流覽照片，同一志願者對同一陌生人作出的判斷是一樣的。托多拉夫說：「我們發現給志願者看陌生人照片的時間越長，他的大腦就越會肯定最初剎那間對這位陌生人形成的判斷結果。」

良好的第一印象是打開機遇大門的鑰匙

良好的第一印象是一把打開機遇大門的鑰匙，它能給人傳遞良好的資訊，而且絕對不是輕而易舉就能做到的。真正良好的第一印象是由內而外的，包括得體的儀表、大方的態度、自信的語言等多個方面。

企業招聘的時候，對第一印象非常重視。現在很多年輕人去應聘工作的時候，拚命把自己打扮成俊男靚女，外形看起來幾乎無可挑剔。但是說話時，誇張的手勢、誇張的說話方式或沒有自信的舉止，都讓招聘單位大失所望。

有人因為良好的第一印象而贏得了機會，有的人卻因為不注重細節，給別人留下了不好的印象，從而失去了很好的機會。

傑克是一個跨國集團的地區負責人，因為工作需要，他要到一家公司與經理面談。傑克到那個經理辦公室的時候，正趕上經理在批評下屬。那個經理對著犯錯的下屬咆哮著，毫不顧及傑克的來訪，等訓斥完了，還大聲地命令下屬「馬上滾蛋」。

這個經理的行為讓傑克感到很不舒服，他覺得自己來錯了。

晚上，經理和他的下屬宴請傑克，陪同的人員裡有一個人不擅長喝酒。「不會喝酒的男人，哪裡是真男人?!」經理不滿地斥責下屬，似乎傑克不存在似的。這讓傑克十分尷尬，只好靠轉移話題來化解。但是傑克沒想到酒過三巡後，那個經理又開始批評飯桌上的酒菜，甚至還用帶著明顯奉承的口氣，對傑克所在國家的飲食大加讚賞。

傑克心裡很清楚，這個經理過度的誇張，無非是為了要討好自己。等傑克回去後，馬上終止了和這家公司的合作，因為在他看來，這家公司的經理留給他的簡直是無法容忍的、糟糕透頂的第一印象。傑克根本不想要和如此沒有修養、不懂得為人基本禮貌的人進行合作，他認為這樣的人遲早會被淘汰。

要消除糟糕的第一印象，必須花費更多的時間和精力。具體的做法有以下幾點：

首先，要做到的就是有耐心、有恒心，以真誠打動對方。

其次，要積極主動，千萬別以為時間長了，大家就會瞭解的，事實上，抱著這樣想法的人只會失去更多的朋友，尤其是在現在這樣一個時間就是金錢的時代。

所以如果你的第一印象因為你的疏忽而不小心被破壞了，你就要加倍地付出，想辦法彌補，而且一定要主動地彌補。

龐德是這樣來形容第一印象的：「這是一個兩分鐘的世界，你只有一分鐘展示給人們你是誰，另一分鐘讓他們喜歡你。」我們要把第一次見面當成一件極其重要的事情，把能考慮到的各種情況都加上，不要總想著下一次，要把這第一次當做唯一。如果第一次沒做好，就必須要有這樣的覺悟：你只有付出更大、更多的努力，才有可能讓不良的第一次消除，否則你的形象將永遠被定位在第一印象上。

完美溝通，從微笑開始

首先問一個問題：你喜歡面帶微笑的人，還是喜歡板著面孔、面無表情的人呢？相信大部分的人都會選擇前者，既是如此，面對陌生人，你何不投其所好，充分利用微笑這一行之有效的武器幫助自己進行有效溝通呢。

微笑是接洽陌生人的「介紹信」

有一位單身女子搬了家以後，發現在新居的隔壁住著一戶窮人家，家裡只有一個寡婦與兩個小孩子。有天晚上，樓裡忽然停了電，那位女子只好自己點起了蠟燭，無聊地坐在沙發上，心情有些鬱悶。

沒一會兒，忽然聽到有人敲門，開門一看，原來是隔壁鄰居的小孩子，只見他緊張地問：「阿姨，請問你們家有蠟燭嗎？」女子心想這種窮人家，平時連蠟燭都捨不得買，就只知道開口跟別人要，和這樣的人家打交道，純粹是自找麻煩！於是，她不懷好意地對孩子吼了一聲說：「沒有！」

正當她準備關上門時，那小孩純真的微笑卻讓她不由自主地停下了關門的動作。小孩說：「我這裡有！」說完，竟從懷裡拿出兩根蠟燭：「媽媽說你剛搬來，不知道這裡常常停電，家裡恐怕沒有準備蠟燭，讓我給你送兩根過來。」

就在孩子的微笑中，在女子的自責和感動中，小孩被女子抱進了懷裡。從此之後，女子和這戶窮苦人家重新組成了一個大家庭，生活在同一個屋簷下，無論颳風下雨，都相互照應。

兩個完全陌生的人，難免有著因為防備心理造成的隔閡和距離，而微笑則是聯結陌生人最好的介紹信。

在與陌生人接近的一瞬間，直至此次交往的結束，如能以微笑開道，以含笑結尾，那笑的價值不言而喻。微笑，對接近人來說，是一種誠意與善良的表徵，是愉悅別人的良好形象。而對陌生人來說，是一種比較願意接受的方法，是引起興趣、好感的溫泉。

微笑是最好的魔法師

曾經在一個電視專題片中，看到過一個故事。

故事講述了一個年輕人，在一所大學當門衛。每天從大學進進出出的學生和老師成千上萬，他有一個非常好的習慣，不管是認識的，還是不認識的學生和老師，他都微笑面對，所以這所大學的學生和老師都十分喜歡他，都覺得這個小夥子待人很真誠、很友好。

後來，這所大學的一位美籍英語教師就看上了這個小夥子，她覺得從微笑中讓她看到了真誠和善良，她要找的心上人應該就是這樣的。所以，這位老師就去追求這個小夥子，但這個小夥子知道自己家庭貧困，怕配不上這位老師，就辭去了門衛的工作，回到了自己的家鄉。

沒想到這位老師也很執著，一直「追」到了他的家鄉，等了他二十多天，寫了十多封情書，終於感動了這位小夥子，最終他們走到了一起，結為夫婦。

看完後，我不由自主地感慨，試想，如果這位小夥子成天繃著個臉，誰會對他有好感呢？

一個人的真誠，往往能夠從他的表情反映出來。卡內基說，一個人臉上的表情比他身上穿的更重要。

有位學者說：「當你離開家門時，注意，先收緊下顎，然後抬頭挺胸，用力做個深呼吸；出門走在路上，不要吝嗇你的笑容，如果遇到熟人，更別忘了保持微笑；與別人握手的時候，要誠心誠意，不要給對方造成誤解，也不要在意對方是不是你的競爭對手。因為微笑具有神奇的魔力，是最好的魔法師；當你走進商店，店裡的服務員對你微笑，你會感到愉快，覺得自己受到了尊重；走進單位時，對遇到的每一個人微笑，大家都會感到心情舒暢，會從彼此的微笑中得到這樣的資訊——『他是一個和藹的人』，『她是一個值得信賴的人』。」

《如何消除內心的恐懼》一書的作者波拿巴·傲巴斯多麗在書裡寫到：「你向對方微笑，對方也會報以微笑，他用微笑告訴你，你讓他體會到了幸福感。由於你對他微笑，使他覺得自己是一個受別人歡迎的人，所以他會向你報以微笑，使他感到自己的價值和地位。」

在與陌生人的交往中，情緒是非常重要的。積極的情緒可以緩解緊張，而消極的情緒只能製造緊張。任何人都不希望在人際交往中製造出緊張的氣氛，都希望用最好的氣氛協調關係，而微笑就是最好的表達方法。

微笑雖然無聲，但卻可以表達出高興、贊同、尊敬、同情、感謝等資訊。所以微

笑是陽光，可以驅散陰霾；微笑是春風，可以驅散寒冷。

練就價值百萬的微笑

笑是一個禮物，一種無價的禮物；笑是一種投資，一種感情的投資，至於笑在你所處的商業領域所起的作用，在你的經濟回報中絕不難找到。

日本著名的松下電器公司老闆松下幸之助說：「以笑臉相迎，這就是有償服務。」微笑服務，向來被視為商家經營的搖錢樹。

美國夏威夷，雖然僅有一百萬人口，但它卻以熱情洋溢的笑臉，每年接待來自世界各地的四百多萬遊客。一位澳大利亞商人說：「陽光、海灘我們也有，但夏威夷的笑臉，只有在這裡能夠找到。」

可見，微笑不只是一種服務態度，事實上已成為一種商業競爭的手段。

威廉．懷拉是美國推銷壽險的頂尖高手，年收入高達百萬美元。他的秘訣就在於擁有一張令顧客無法抗拒的笑臉。然而，那張迷人的笑臉並不是天生的，而是長期苦練出來的。

威廉原來是一個家喻户曉的職業棒球明星球員，到了四十歲因體力日衰而被迫退休，而後去應徵保險公司推銷員。他自以為以他的知名度理應被錄取，沒想到竟被拒絕。

人事經理對他說：「保險公司推銷員必須有一張迷人的笑臉，而你卻沒有。」

聽了經理的話，威廉沒有氣餒，立志苦練笑臉。他每天在家裡放聲大笑百次，鄰居都以為他因失業而發神經了。為避免誤解，他乾脆躲在廁所裡大笑。

經過一段時間練習，他又去見經理。

經理說：「還是不行。」

威廉沒有洩氣，仍舊繼續苦練。他搜集了許多公眾人物迷人的笑臉照片，貼了滿屋子，隨時觀摩。

隔了一陣子，他又去見經理，經理冷淡地說：「好一點了，不過還是不夠吸引人。」

威廉不死心，又回去苦練了一段時間，終於悟出「發自內心如嬰兒般天真無邪的笑容最迷人」，從而練成了那張價值百萬美元的笑臉。

這件事聽起來似乎是天方夜譚，然而，這是實實在在發生在美國商界的事實。仔細一想，威廉的成功並不令人匪夷所思。試想，誰會拒絕一個嬰兒充滿陽光、可愛的笑容呢？

微笑不僅可以提升每個人的形象，使之更具親和力，而且對於整個公司形象也是一個有力的體現。如果你還沒有迷人的微笑，那麼，從現在開始練就讓陌生人一見傾心的微笑吧！

微笑就如同陽光，它能給陌生人帶來溫暖，使他們對你產生寬厚、謙和、平易近人的良好印象；它能縮短你與陌生人間的距離，使他們產生心理上的相容性。因此，在陌生人面前，如果你沒有更好的精神贈品，就贈送微笑吧。即使是一個衣衫襤褸的過路乞丐，你也應該對他一視同仁，因為微笑能夠帶來財富。

以「禮」相待，給人好印象

講究禮儀，是尊重自己和尊重別人的表現形式，是個人素質與修養的綜合體現，是給對方留下良好印象的必要保證。說通俗點，是交往的藝術，是現代人的待人接物之道。

我國是禮儀之邦，與人溝通，特別是初次見面的人，必須要懂得以「禮」相待，給人留下好印象。

溝通禮儀的禁忌和要訣

從交際禮儀的角度講，與陌生人溝通要注意兩個問題：內容和形式。對陌生人的談話內容，哪些能說，哪些不能說，這是每個人必須要明瞭的。其次就是說話的形式，怎樣的談話形式，對方最容易接受。

●五大問題不要談

在與陌生人溝通的過程中，下列五大問題不要談，談了不但有失身分，給人以沒教養的感覺，而且還損人害己，禍害無窮。

・不要涉及國家秘密與商業秘密。

與陌生人的溝通一般都是以閒談為主，所談的話題無非是個人愛好、生活趣事等，與國家安全、企業利益沒有任何衝突的方方面面。

主動避免去談論有可能洩露國家秘密和商業秘密的話題，給雙方營造一個和諧、輕鬆的談話環境，這是我們與陌生人溝通的最佳狀態。一來，自覺地維護了國家與企業的安全利益，二來，也體現出了我們個人職業道德與個人素養的高尚。

・不能隨便非議交往對象。

有一次，一位上海的教授正在和很多新結識的人聊天。

有位男士問：「您是哪裡人？老家哪兒的？」

教授說：「我老家在上海。」

他一撇嘴：「你們上海男人都不是男人！」

教授氣憤地說：「你罵誰呢?!」

當時那位男士可能並沒有誹謗教授的意思，但是，不管是有意還是無意的非議，都會讓人家尷尬和難堪，更是沒有教養的表現。

・**不要與陌生人談論領導、同行和同事的是非。**

自尊的一個非常重要的內容是尊重自己的職業，尊重自己的單位。如果你與一個初次見面的人議論別人的是非，他肯定會擔心以後自己也會成為你議論的對象，他會對你留下好的印象嗎？

・**不談論格調不高的話題，也不要涉及疾病、死亡等不愉快的事情，不談一些荒誕離奇、聳人聽聞、黃色淫穢的事情。**

・**不涉及個人隱私問題。**

以下個人隱私不應該去打聽：

第一不問收入，你問這個人掙多少錢，實際上是問這個人本事如何，這不合適；

第二不問年齡；

第三不問婚姻家庭，家家都有一本難念的經，別跟人家過不去；

第四不問健康問題；

第五不問個人經歷。老家是哪裡？什麼專業畢業？免得讓他人對你產生厭煩。

●禮貌溝通的三要訣

在如何說的問題上，有三點要注意：

・要細語柔聲，避免粗聲大嗓。所謂有理不在聲高，在社交場合說話，要顯得瀟灑從容，不高聲辯論，更不能惡語傷人，出言不遜。即便爭吵起來，也不要斥責，不譏諷辱罵，最後還要握手而別。

・要善於跟交談對象互動。要互動，就必須要給別人發表意見的機會，別人說話，也應適時發表個人看法。再者，就是要善於聆聽對方談話，不輕易打斷別人的發言。談話現場超過三人時，應不時地與在場的所有人攀談幾句。不要只與其中一兩個人說話，不理會在場的其他人。

・要注意尊重對方。尊重對方具體有五個方面：

不打斷對方的話。你有說話的權利，對方也有說話的權利，別輕易打斷別人，打斷別人是沒有教養的表現。

給對方說話的機會。待人接物交談的基本技巧是少說多聽，因為言多必失。協力廠商參與說話，應以握手、點頭或微笑表示歡迎。發現有人欲與自己談話，可主動詢問。談話中遇有急事需要處理或需要離開，應向談話方打招呼，表示歉意。

不糾正別人。不是原則問題，不要隨便對別人進行是非判斷。

不質疑對方。不要隨便對別人談的內容表示懷疑。

做一個絕佳的聽眾。在交談時，應目光注視對方，以示專心。對方發言時，不左顧右盼、心不在焉，或注視別處，顯出不耐煩的樣子。

與陌生人溝通的服飾禮儀

古今中外，著裝從來都體現著一種社會文化，體現著一個人的文化修養和審美情趣，是一個人的身分、氣質、內在素質的無言的介紹信。從某種意義上說，服飾是一門藝術，服飾所能傳達的情感與意蘊不是用語言所能替代的。

在不同場合，穿著得體、適度的人，給人留下良好的印象，而穿著不當，則會降低人的身分，損害自身的形象。

在與陌生人交往時，服飾禮儀應該遵循「力求和諧，以和諧為美」的總原則。著裝要與時間、季節相吻合，符合時令；要與所處場合環境，與不同國家、區域、民族的不同習俗相吻合；符合著裝人的身分；要根據不同的交往目的，交往對象選擇服飾，給人留下良好的印象。

總之，著裝最基本的原則是體現「和諧美」，上下裝呼應和諧，飾物與服裝色彩相配和諧，與身分、年齡、職業、膚色、體形和諧，與時令、季節環境和諧等。

參加宴會的禮儀原則

與陌生人的溝通場合，自然少不了宴會。我們去參加宴會，或者在比較重要的場合請客人吃飯，要注意五個規則。

第一，要注意見面的人是誰。你請客人吃飯，如果還要請人作陪，就要考慮怎麼請。比如說請的是英國人，那就請幾個懂英語的人作陪。請的是阿拉伯客人，那請幾個穆斯林作陪比較容易溝通。

第二，費用上講究量力而行。做任何事情，都要量入為出，不管是請熟人，還是請陌生人，不要鋪張浪費，講究少而精，量力而行，避免大吃大喝。

第三，問人點菜有學問。如果你要請新結識的朋友去吃飯，你要問什麼問題呢？沒有經驗的人這麼問：「您來點什麼？」有經驗的人這樣問：「您不能吃什麼？」有所為，有所不為。你問客人愛吃點什麼，是開放式問題，你很難控制其答案。封閉式問題是給出所有選擇：「您，喝茶還是喝咖啡？」就是告訴你不要喝人頭馬，這是封閉式問題。

第四，選擇環境因人而異。有的陌生人與你碰面，你只知道他目前是某某公司的老總，因此覺得不請他去星級酒店吃飯，怕他不滿意，自己也沒面子。但是，每個人的性格和思想畢竟都是不同的，多數上層人物喜歡在高級的消費場所與人交友，但是還有少數的上層人物不喜歡將朋友拉進奢侈的物質生活中去，講究的是「君子之交淡如水」。這樣一來，你要請別人吃飯，在碰面之前或者碰面之時，說上一些試探性的話是很有必要的，首先至少要對對方的消費心理有個大概的瞭解，如此才不至於犯下事與願違的錯誤。

第五，舉止要得當。餐桌舉止有五忌：第一，忌餐桌上吸煙。有身分、有地位、有教養的人餐桌上不吸煙。第二，忌給客人夾菜。你可以介紹飯菜，但別給客人夾菜。第三，忌勸酒。有教養的人講究自願，不要強迫服務。第四，忌在餐桌上整理服飾。最後，忌吃東西發出聲音，這個主要指國際交往中，西方人的說法，吃東西發出聲音是豬的基本特徵。

講究禮儀，是尊重自己和尊重別人的表現形式，是個人素質與修養的綜合體現，是給對方留下良好印象的必要保證。說通俗點，是交往的藝術，是現代人的待人接物之道。

掌控好自我介紹的原則

在同陌生人交往中，不管你想與之建立什麼樣的關係，自我介紹這一環節是必不可少的。也許，在一般人看來，自我介紹無非就是介紹自己，是最簡單不過的事情了。但是，要想通過簡短的自我介紹既能讓對方清楚地瞭解你的基本情況，又能對你留下深刻、難忘的印象，從而更能有效地達到你的目的，這就不是一件簡單的事情了。以下就是自我介紹的一些基本原則和技巧。

自我介紹的五項原則

心理學家提出五點自我介紹時必須注意的態度和方式：

・必須鎮定而充滿信心。一般人對於自信的人，都會另眼相看。如果你有自信心，對方會對你產生好感。相反，如果你畏怯和緊張，可能會使對方對你有所保留，使彼此之間的溝通產生阻隔。

・在公共交際場合，如果你想認識某一個人，最好預先獲得一些有關他的資料，諸如性格特長及個人興趣等。有了這些資料，在自我介紹之後，便容易交談，使關係融洽。

・表示自己渴望認識對方時要熱誠。任何人都會覺得能夠被人渴望結識是一種榮幸。如果你的態度熱誠，所得到的反應也會熱烈。

・在自我介紹時，應善用自己的眼神表達自己的友善，關懷及渴望溝通的心情。

・在獲知對方的姓名之後，不妨重複一次，因為每個人都樂意聽到自己的名字，使他有自豪感和滿足感。

通過自我介紹，讓人第一次就記住你

怎樣的自我介紹可以打動人，讓人留下印象，讓人第一次就對你深刻、難忘呢？有經驗的人都會用幽默式的自我介紹來加強聽眾的印象，這是一種有效的方法。比如：「有人說我嗓門大，像雷公，我說呀，見到壞人壞事，該炸雷就炸雷，可今天見到這麼多好朋友，友誼的甘露滿心頭，怎麼會打起雷呢……」

再比如：「我姓郝（好），可人一般……」諸如此類幽默的自我介紹，博得聽眾的好感，縮短了與大家的心理距離。

要吸引別人的眼球，自我介紹就必須要有獨特性。

在介紹自己之前，首先要引起對方對自己的注意，可以使用禮貌語，如「對不起」、「請允許我打擾一下」、「您好」，等對方將注意力轉向自己，再開始介紹。如果對方正忙於工作或正與他人交談，作自我介紹可能會打斷對方，效果就不太好了。對方心情不佳、疲憊不堪時，也不要去打攪。

一般情況下，自我介紹的內容包括三個要素：本人姓名、工作單位、職業。自我介紹內容的繁簡，應看實際交際需要來決定。出差、旅遊、工作時，介紹了三要素就可以了，但如果雙方有互相認識的願望，可以進一步介紹自己的學歷、專長、興趣、經歷等。

自我介紹時不要過分炫耀自己，對自己的身分、學識、財富不要過於渲染；但也不要自我貶低，讓人覺得你不踏實或虛偽、不誠實。

自我介紹要表現出誠懇、友好、坦率、可以信賴，就必須實事求是、恰如其分地介紹自己。在自我介紹過程中，語氣要自然，語速要正常，語音要清晰。自我介紹時語氣生硬冷漠、語速過快或過慢、語音含糊不清，都是缺少經驗、缺乏自信的表現。

自我介紹首先要介紹自己的名字，必要時應對「姓」和「名」加以解釋，解釋得越巧妙，別人對你的印象就越深。如「弓長張」、「立早章」，或「萬千里，千里之馬的意思」，這可以反映一個人的知識水準和性格修養，也可以體現一個人的口才。

面試技巧：一分鐘自我介紹

在應聘的面試中，自我介紹是必須有的。一般的面試，往往只會留給你一分鐘自我介紹的時間，那麼，你該如何把握好這一分鐘，將自己推銷出去呢？

一分鐘的自我介紹，猶如商品廣告，在短短六十秒內，針對「客戶」的需要，將自己最美好的一面，毫無保留地表現出來，不但要給對方留下深刻的印象，還要即時引發其「購買欲」。

想一箭中的，首先必須知道你能帶給公司什麼好處。當然不能空口講白話，必須有事實加以證明。最理想就是能夠「展示」過去的成就。

例如你曾為以往的公司設計網頁，並得過獎項或讚揚。有一點必須謹記：話題所到之處，必須突出自己能夠為公司做出的貢獻，如增加營業額、減低成本、發掘新市場等。

不管內容如何精彩絕倫，若沒有美麗的包裝，還是不成的。所以在自我介紹當中，必須留意自己在各方面的表現，尤其是語氣。切忌以背誦朗讀的口吻介紹自己，最好事前找些朋友做練習對象，儘量令語氣聽來流暢自然，充滿自信。

身體語言也是重要的一環，尤其是眼神的接觸。這不但令聽眾更加專注，也可表現自信。曾有一項報告指出，日常的溝通，非語言性的占了百分之七十。所以，若想面試成功，便應謹記你的身體語言。

行銷界有句著名的格言：賣產品不如賣自己。實際上，人類的任何行為，都可以歸根於銷售——不是推銷產品，就是推銷我們的觀念，最終目的是讓對方接納你。與陌生人的溝通也可以歸根於銷售行為，而自我介紹就是推銷自己的一種手段，由此可見，掌握向陌生人介紹自己的藝術就顯得意義重大了。

打開對方心扉，方法總比問題多

在與陌生人的交往中，通常會遇到這種情況，你很想和對方交談，但因為情緒緊張或者怯生而開不了口。還有的人，是受了「逢人只說三分話，不可全拋一片心」的影響，難以打開心扉與陌生人進行深入地溝通。

無法與陌生人深入地溝通，那麼，對方永遠只能是陌生人。因此，想辦法打開陌生人的心扉，是讓對方真正成為朋友的必要前提。

打開陌生人心扉的有效策略

生性靦腆的小蘭參加了一個論壇的版聚，因為是第一次參加這樣的活動，小蘭一直不敢主動和人打招呼，尤其在都是陌生人的情況下，她更加緊張了。為了消除緊張，小蘭決定去拿一杯飲料喝。

「那杯飲料是含酒精的，你不一定喝得了。」小蘭剛拿起一杯飲料，就聽到有人

這麼對她說，她回頭看到一個女孩端著一杯果汁對她微笑。

「喝這個吧，女孩子多喝果汁對皮膚很有好處的。」

「謝謝，你很瞭解嘛。」

「還好，我經常參加這樣的活動。」就這樣，小蘭和這個叫小威的女孩開始聊天，並成了好朋友。

經過這件事之後，小蘭與人交往也有了進步。

像小蘭這樣因緊張和怯生而無法敞開心扉與陌生人溝通的情況，很多人都遇到過，但對方通過對她善意的提醒和微笑，消除了她的緊張，從而使她能夠深入與對方溝通。

所以，要打開陌生人的心扉，就得先贏得對方的信任。再比如：一位女士險些被路上的樹根絆倒，後邊一名男士立刻上前說：「小心！碰疼沒有？」然後他又提醒後面的人，注意這個樹根。他的這種真誠，自然會打動不少人的心。

曾經有人說，談論天氣是引導對方說話的最好辦法，但事實上這卻是最不實用的一招。一個人說：「今天天氣不錯。」另一個人則回答：「是啊，是不錯。」話題就無法進行下去了。最好的辦法就是用提問的辦法，比如以「如何」、「怎麼樣」、「為什麼」之類的詞語提出問題。以「你最近身體或工作怎麼樣」等問題展開話題，遠比以「天氣」為話題合適多了。

要打開對方的心扉不僅要選擇合適的話題，同時也要講究一些溝通技巧。男士與女士搭訕時，讚美一下她的穿著打扮，或者從衣、食、住、行說開去，很快就會打開對方的話匣子。女士從時政新聞談起，往往能引起男士的興趣。

消除對方的防衛心理

當你和約定的陌生人見面之前，有一個關鍵的問題就是要設法消除對方的防衛心理，因為人們對於陌生人總是有一種防衛心理。美國總統雷根曾說過：「你在遊說別人之前，一定要先解除對方對你的戒心。」

「防衛心理」是你與對方融洽溝通的城牆。因此，只有在迅速消除對方的防衛心理，才能打開他的心扉，他才可能用心聽你說話。

前面已講過，打開對方的心扉首先要讓他產生一種信任感。信任非常重要，如果不能讓對方對你有一種良好的印象，不能對你產生信任感，你就無法引起他對你的注意，更無法使之成為你的朋友。

當對方第一次與你接觸時，主觀印象很多，穿著打扮、髮型、頭髮的長短、穿衣服的風格，甚至你的高矮胖瘦，在主觀上的感受馬上就會讓對方產生喜歡或不喜歡的知覺。注意你身上的每一個細節，比如：你的皮鞋是否擦亮，指甲有沒有剪好……

如果，你已經做好了接近陌生人的心理準備，那麼，你如何打開話匣子，拆除那道無形的牆呢？以下這些方法可能對你有用。

●坦白自己的感受

向對方坦白地說出你的感受。譬如，你可以這樣說，「我在這裡一個人也不認識」或「我不知道該講些什麼」。這樣總比讓自己顯得拘謹冷漠好得多。實踐證明：最健談的人就是勇於坦白的人。

●談談周圍環境

注意周圍環境，你自然會找到談話題目。例如，有一次，一個陌生人審視周圍，然後打破沉默，開口跟我說：「在候車廳上可以看到人生百態！」這就是一句很好的開場白，讓我產生了與之交流下去的欲望。

●以對方為話題

人們往往千方百計地想讓別人注意自己，但大部分人的「成績」都令人失望，因為人們一般不會關心別人，他們只會關心他們自己。因此，以對方作為談話的開端，往往能令他人產生好感。

讚美陌生人的一句「你的衣服色彩搭配得真好」「你的髮型很新潮」，能使他快樂而緩和彼此的生疏。

●提出問題

許多難忘的談話都是由一個問題開始的。你可以這樣問陌生人：「您每天的工作情況怎麼樣？」通常人們都會熱心的回答。而對較內向、看來羞怯的人，不妨多發問，說明他把話題延續。

●留心傾聽

談話投機，有一半要靠傾聽。與剛認識的人談話時，應該看著他，並對他所講的話題有所反應，鼓勵他繼續說下去。很多人無法給他人留下良好的印象，只因為他們不能專心傾聽對方說話，只是一味思考自己下一句該說些什麼。其實，一個健談的人同時也是個耐心的傾聽者。

●大膽互動

要是你發現一個陌生人與你說話，他的眼神又很穩定地凝視著你時，不要因此就不好意思，就退縮。你對別人好奇，別人也對你好奇，你能增加他們的生活情趣，他們也能增加你的生活情趣。但如果只由對方暢所欲言，而自己吝於付出，就無法達到雙向溝通的目的。

許多人會因為自己與別人的見解不同而羞於表達，但正因為有這種不同，人生才

能成為絢麗多姿的大舞台。如果我們彼此坦誠相待，就能談得投機。

用「逗話」打開對方的心扉

我們都看過相聲表演吧，兩個演員，一個逗哏，一個捧哏，兩人一唱一和，逗得觀眾哈哈大笑，從而達到良好的藝術效果。與陌生人交往，同樣需要「一唱一和」，才能使談話得以進行。要掌握交往的主動權，我們就要學會「逗話」。

與陌生人打交道，誰都會存有一定的戒心，這是初次交往的很大障礙，而初次交往的成敗，關鍵要看如何衝破這一障礙。

寒暄通常是交往的一種基本禮貌，但如果你能在寒暄中有意無意插入一些能吸引對方的話題，或是對方比較瞭解的事，那麼，寒暄就不僅僅是形式上的客套了。

例如，在一個嚴冬的夜晚，你與一位陌生人見面，「今晚好冷」這句話自然會成為你們之間所使用的寒暄語。單純地使用它，雖然也能彼此引出一些話來，但這些話也可能對彼此無關緊要，這樣，再深一步的交談也就困難了。但是，如果你這樣說：「哦，今晚好冷！像我這種在南方長大的人，儘管在這裡住了幾年，但對這種天氣還是難以適應。」

如果對方也是在南方長大的，就會引起共鳴，接著話頭說出一些有關的事。如果對方是在本地長大的，他也會因為你在寒暄中提到了自己的故鄉在南方，而對你的一些情況發生興趣，有了要進一步瞭解你的欲望，這樣可以把交往引向深入。而且這種把自我介紹與寒暄有機地結合，也不會令人覺得牽強、不自在，在不知不覺之中，就放棄了戒備的心理，從而產生了「一體感」。

也許有人會說，這叫沒話逗話，但是要想把對方的話「逗」出來，你總得對對方的欲求有所關注，這種關注本身也就是對對方的尊重。如果沒有這種尊重，話是「逗」不出來的。

「引逗」別人說話本身就是一門藝術。比如說，你面對的是一位不愛說話的陌生人，你能夠「引逗」他開口嗎？在這種情況下，你最好能從對方容易回答的事實或經驗一類的話題開始。

舉例來說，你想瞭解對方對「社會改革問題的看法」。這種問題很少有人會馬上流暢地回答出來，尤其面對一位陌生人。那麼怎麼辦呢？你不妨從一些與本題沒有直接關係的問題談起。比方說，提出「你家住在哪兒？」「房子是新的還是舊的？」「房子擠不擠？」「買東西方便嗎？」因為對方發現你在從關心他的角度與他交談，開始的戒心也就不由自主地消失了。一旦他回答了這些簡單的問題以後，也就為回答比較難的問題打下了基礎。

要記住這樣一條原則，你需要瞭解的問題越是抽象，你提出的問題就越要具體。

溝通APP

出於防備心理，每個陌生人都會「逢人只說三分話，不可全拋一片心」。在這樣的大環境下溝通，要想讓對方敞開心扉、推心置腹地與你溝通是比較困難的。但是方法總比問題多，通過微笑、讚美、坦誠、傾聽、提問等行之有效的溝通技巧，就可以消除他們的戒備，使他們產生信任感。

快速找到陌生人的興奮點

說好第一句話，僅僅是良好的開端。要談得有味，談得投機，談得其樂融融，雙方就必須確立共同感興趣的話題。有人認為，初次見面，何來共同感興趣的話題？這就要在談話時仔細觀察對方，從他的興趣、愛好、個性特點、心情處境入手。初次見面要做到一點，就要洞隱燭微。

雷根曾說：「你在遊說別人之前，一定要先解除對方對你的戒心。」如果對方有壓力，有戒心，很介意與你談話，往往難以進行有效溝通。因此，面對你不太瞭解的人，請選擇他們最感興趣的話題，這是解除對方戒心和找到對方興奮點的最佳利器。

人對自己最感興趣

去年，我曾經與某出版社的總編多次進行出書條件的交涉，雖然試著想找出雙方都能滿意的條件，但總覺得差了那麼一步。

大概在交涉了七八次後的某一天，由於長時間的商談，雙方都感到疲倦，於是換了場所，到附近的一家咖啡館內。

偶然的機會，我打聽到總編是一個愛好打保齡球的人，而我也喜歡這個運動，所以坐下來時，我先開口提到：「上個禮拜天，我到保齡球館打球，可是手風很不順，沒什麼戰績。」

話一說完，總編興致勃勃地問：「怎麼？你也喜歡打保齡球嗎？」

「我雖然不擅長，卻很熱愛這種休閒活動，常常去打。」

「哈哈，其實我也蠻喜歡這玩意，幾天不摸球就手癢癢。」

「戰績如何？」

「最高分是二五八。」

「啊！這可是專業水準了。」

一談到感興趣的話題，總編情緒就越來越高。不知不覺中與我約定下次一同去打球，而且還說了一句很關鍵的話：「這個約定和出版的條件無關，完全是兩碼事。」但幾天後，雙方便簽訂了合同，而且是大致按照我所希望的條件訂立的。

既然談論對方感興趣的話題對溝通如此有效，那麼，他們最感興趣的話題是什麼呢？答案是他們自己！

當你與陌生人談及他們自己時，他們就會興致勃勃，激情昂揚，而且會完全著迷，他們對你的好感也就油然而生了。

當你與陌生人談論他們自己時，你是順應人性的；而當你與陌生人談論你自己時，你是在違背人性。

每個人一生中都在尋找一種感覺，這種感覺叫做什麼呢？叫做重要感。在和陌生人溝通的時候，你是一直不斷地在講還是認真地在聽他講話呢，如果你認真地在聽他講話，並且不失時機地誇獎、贊同他的觀點，同時你又再問一些他感興趣的話題，他會對你非常感興趣。

因為每個人都喜歡談論自己，如果你願意拿出時間來關心他感興趣的話題，願意瞭解他所講出來的他認為非常感興趣的話題，那你一定會成為一個非常受歡迎的人。同時在聽的過程中，你也會得到更多關於他的資訊，可以為下一次的溝通做好鋪墊。

如何讓自己成為一個受陌生人歡迎的「萬人迷」呢？要察言觀色，善於把握話題，要瞭解對方的興趣所在，並且和對方去交流他最感興趣的話題。

隨便兩個人，都可以找到共同點

兩個人之間總會有共同之處，比如說到什麼樣的城市去旅遊，對方說我喜歡到什

麼樣的城市，你可以跟他討論那個城市，因為那是他最感興趣的話題。其他如衣食住行、工作、娛樂、新聞等都可以找到他感興趣的地方。當你跟他溝通這樣的話題時，他感受到了你對他的關切，他會變得非常地喜歡你、信任你。而只有當對方對你產生信任感以後，他才有可能完全敞開心扉和你交朋友。

生活在同一時代，只要善於尋找，何愁沒有共同語言？

一位小學教師和一位泥瓦匠，兩者似乎沒有相同之處。但是，如果這個泥瓦匠是一位小學生的家長，那麼，兩者可以就如何教育孩子各抒己見，交流看法；如果這個小學教師正要蓋房或修房，那麼，兩者可以就如何購買建築材料、選擇修造方案溝通資訊、切磋探討。

只要雙方留意尋找，就不難發現彼此有對某一問題的相同觀點、某一方面共同的興趣愛好、某一類共同關心的事情。

有一個人在拜訪陌生人時，見其牆上掛有「制怒」二字，便知對方有克服易怒缺點的要求。便問道：「您平時很愛發脾氣嗎？」

對方答：「我很容易衝動，但明知自己有這個毛病，卻有時控制不了，為了提醒自己，就寫下來掛到牆上，時刻告誡自己。」

這個人由此話題談開，先是表示非常理解，繼而談出自己的看法，對方也就同一問題談出感想，兩個人談得非常投緣，這樣就縮短了彼此間的距離，兩人頗有「相見恨晚」之感。

有些人在陌生人面前感到拘謹難堪，只是因為沒有發掘共同感興趣的話題而已。

挖掘共同點的五個要訣

要使溝通雙方都有興趣，就必須要談雙方感興趣的話題，這樣才會使雙方興趣盎然地溝通下去。那麼，對於陌生人，你怎樣才能在短時間內找到雙方的共同點呢？

●從相貌上找到共同點

一個人的心理狀態、精神追求、生活愛好等，都或多或少地要在他們的表情、服飾、談吐、舉止等方面有所表現，只要你善於觀察，就會發現你們的共同點。

一位退伍軍人在乘車時與一位陌生人相遇，位置正好在駕駛員後面。汽車上路後不久就拋錨了，駕駛員車上車下忙了一通還沒有修好。這位陌生人建議駕駛員把油路再查一遍，駕駛員將信將疑地去查了一遍，果然找到了病因。

這位退伍軍人感到他的這絕活可能是從部隊學來的。於是試探著問道：「你在部隊待過吧？」

「嗯，待了六七年。」

「噢，算來咱倆還應算是戰友呢。你當兵時部隊在哪裡？」於是這一對陌生人就談了起來，據說後來他們還成了朋友。

而這就是在觀察對方以後，發現都當過兵這個共同點的。當然，這察言觀色發現的東西，還要同自己的情趣愛好相結合，自己對此也有興趣，打破沉寂的氣氛才有可能。否則，即使發現了共同點，也還會無話可講，或講一兩句就「卡殼」。

●以話試探，偵察共同點

陌生人面對面，為了打破沉默的局面，開口講話是首要的，有人以打招呼開場，詢問對方籍貫、身分，從中獲取資訊；有人通過對方口音、言辭，偵察對方情況；有的以動作開場，一邊幫對方做某些事，一邊以話試探；有的甚至借火吸煙，也可以發現對方特點，打開交談的局面。

●聽人介紹，揣度共同點

你去朋友家串門，遇到有陌生人在座，此時主人會馬上出面為雙方介紹，說明雙方與主人的關係、各自的身分、工作單位，甚至個性特點、愛好等。細心的人從介紹中馬上就可發現對方與自己的共同之處。

一位公務員和一位教師，在一個朋友家見面了，主人把這對陌生人作了介紹，他們馬上發現都是主人的同學這個共同點，馬上就圍繞「同學」這個突破口進行交談，相互認識和瞭解，以至變得親熱起來。這當中重要的是在聽介紹時要仔細地分析認識對方，發現共同點後再在交談中延伸，不斷地發現新的共同關心的話題。

● 揣摩談話，探索共同點

為了發現陌生人同自己的共同點，可以在需要交際的人同別人談話時留心分析、揣摩，也可以在對方和自己交談時揣摩對方的話語，從中發現共同點。

● 步步深入，挖掘共同點

隨著交談內容的深入，共同點會越來越多。為了使交談更有益於雙方，必須一步步地挖掘深一層的共同點，才能如願以償。

古人有「酒逢知己千杯少，話不投機半句多」的說法，知己固然難求，但是做到說話投機，卻是很容易做到的。實際上，也只有做到投機，才有可能進行深入溝通，才能找到心靈相通的朋友。

讓對方感到相見恨晚的關鍵五步

一見如故，相見恨晚，歷來被視為人生一大快事。善於跟陌生人打交道，掌握「一見如故」的訣竅，讓對方感到相見恨晚，不僅是一件快事，而且對擴大社交圈子也很有裨益。那麼，如何交談才能使陌生人對你產生相見恨晚的感覺呢？

第一步：抓住最初見面的四分鐘

大多數情況下，我們在與陌生人交往的時候，往往幾句話後就不知該說些什麼了，而且還會感覺尷尬。在這種情況下，你不要老想一些有深遠意義的話題，應該提一些簡單的問題寒暄一下，或者評論一下目前在你身邊發生的事情。

對方是否喜歡你或什麼時候可能成為朋友，按照信納德・佐寧博士在《交際》一書中的觀點，陌生人之間接觸的最初四分鐘是至關重要的。他認為，如果你在社交場合中遇到陌生人，你應把注意力集中在他身上四分鐘，很多人的生活將因此而改變。

當我們被介紹給新朋友時，我們應當儘量顯得友好而自信。因為一般情況下，人們都喜歡那些喜歡他們的人。所以，和首次見面的陌生人交談的頭四分鐘，一定要表現出自信和友好。除此之外，還要善於察言觀色，恰當地表現出同情、體諒、關心。

聽到不順耳的話，也不要立刻表現得不高興或進行過多的辯解。在回答問題時，要表現得善良、友好，願意幫助別人。聽到對方的誇獎，可以謙虛地回答「哪裡，我還差得遠」以表現自己很有修養。

值得注意的是，與人見面的第一個四分鐘，絕不是演戲給人看，否則會給人以虛偽造作的感覺。也決不應一見面就向人家訴苦、發牢騷。這些都可能使你失去一位很好的朋友或客戶。

第二步：說好開場白

一見如故，這是成功交際的理想境界。無論是誰，如果具有跟陌生人一見如故的能耐，他做事就會左右逢源。

初次見面的第一句話，是留給對方的第一印象。說好說壞，關係重大。說第一句話的原則是：親熱、貼心、消除陌生感。下面介紹的幾種開場白方式就能收到立竿見影的奇效。

●攀認式

攀認式開場白，就是說出與聽話者存在的親戚和朋友關係，以此接近對方，消除隔閡。

一九八四年五月，美國雷根總統訪問復旦大學。在一間大教室裡，面對一百多位初次見面的復旦學生，雷根的開場白就是：「其實，我與你們學校有著密切的關係，你們的謝希德校長同我的夫人南茜都是美國史密斯學院的校友，照此看來，我們都是朋友了！」此話一出，全場鼓掌。接下來的交談自然十分熱烈，極為融洽。

再比如：初次見面，同對方說「我和你哥哥是同學」「我是你父親的同事」等，短短一句話，就縮短了與陌生人之間的距離。其實，任何兩個人，只要彼此留意，就不難發現雙方有著這樣或那樣的「親」、「友」關係。

●敬慕式

對人尊重、敬慕會引起對方的好感，對初次見面者表示敬重、仰慕，這是熱情有禮的表現。用這種方式必須注意掌握分寸，恰到好處，不能亂吹捧，不要說「久聞大名，如雷貫耳」一類的過頭話。表示敬慕的內容應因人、因時、因地而異，應恰到好處，讓聽者感到自然。

●問候式

「您好」是向對方問候致意的常用語，如能因對象、時間的不同，使用不同的問候語，效果則更好。節日期間，說「節日好」、「新年好」，給人以祝賀節日之感；早晨說「您早」、「早安」則比「您好」更得體。

●揚長避短

人人都有長處，也都有短處。人們一般都希望別人多談自己的長處，不希望別人多談自己的短處，這是人之常情。跟陌生人交談時，如果以直接或間接讚揚對方的長處作為開場白，就能使對方高興，交談的積極性也就能得到極大激發。

被譽為「銷售權威」的霍伊拉先生的交際訣竅是：初次交談一定要揚人之長避人之短。

有一回，為了替報社拉廣告，他拜訪梅依百貨公司總經理。寒暄之後，霍伊拉突然發問：「您是在哪兒學會開飛機的？總經理能開飛機可真不簡單啊。」話音剛落，總經理興奮異常，談興勃發，廣告之事當然不在話下。

●表達友情

用三言兩語恰到好處地表達你對對方的友好情意，或肯定其成就，或讚揚其品質，或歡迎其光臨，或同情其處境，就會使對方產生一見如故、欣逢知己之感。

在美國的文波特市，有一個極具人情味的服務專案——全天候電話聊天。每個月有幾百名孤單寂寞者使用這個電話。主持這個專案的專家們最得人心的是一句話：「今天我也和你一樣感到孤獨、寂寞、淒涼。」這句話表達了充分理解之情，因而產生了強烈的共鳴。

●添趣助興

用風趣、活潑的三言兩語掃除跟陌生人交談時的拘束感和方位心理，以活躍氣氛，增添對方的交談興致，這是爐火純青的交際藝術。

交談何必曾相識？要用三言兩語便惹人喜愛、一見如故，關鍵是工夫要下在見面交談之前，上面所講的例子之所以成功，除了有高超的語言技巧，無一不是在未見面之前早已瞭解了陌生人的大概情況。

美國總統羅斯福跟任何一位來訪者交談都能用三言兩語贏得對方的好感。秘訣就是：在接見來訪者的前一晚，必花一定時間瞭解來訪者的基本情況，特別是來訪者最感興趣的話題。這樣，一交談就能有的放矢，切中關鍵。

第三步：找準時機，適時切入

陌生人之間交談，除了瞭解對方，讓對方多開口，還要看準情勢，不放過應當說話的機會，介紹自己，適時地「自我表現」，能讓對方充分瞭解自己。

陌生人如能從你切入式的談話中引起共鳴、獲取教益，雙方會更親近。曾有人巧遇一青年，當問及他多大年齡時，他回答說：「廿八歲，研究生剛剛畢業。」那人接著又問：「那你一定是工作一段時間後又考研究所了。」

他高興地說：「是的，我是工作了三年又考研究生的。」接著他又談起了他所學的專業和工作後的情況，這樣雙方都加深了瞭解，拉近了距離。

還可以利用媒介物，以此找出共同語言，縮短雙方距離。比如我看見一位陌生人手裡拿著一本厚書，我通常就會問：「這是什麼書啊？這麼厚，您一定十分用功！」對別人的一切顯出濃厚興趣，通過媒介物引發他表露自我的心情，交談就會順利進行。

如果遇到那種比你更害羞的陌生人，你更應該跟他先談些無關緊要的事，諸如天氣之類的話題，讓他心情放鬆，以激起他談話的興趣。

和陌生人談話的開場白結束之後，特別要注意話題的選擇。那些容易引起爭論的問題，要儘量避免。為此，當你選擇某種話題時，要特別留神對方的眼神和小動作，一旦發現對方有厭倦、冷淡的情緒時，應立即轉移話題。

第四步：瞭解對方的心理

要使對方對你產生好感，留下深刻印象，還必須察言觀色，瞭解對方近期最關心的問題，掌握其心理。

例如，知道對方的子女今年高考落榜，因而舉家不歡，你就應勸慰、開導對方，說說「榜上無名，腳下有路」的道理，舉些自學成才的實例。如果對方子女決定明年再考，而你又有自學高考的經驗，則可現身說法，談談高考複習需要注意的地方，還可表示能提供一些較有價值的參考書。此時，切忌大談榜上有名的光榮。即使你的子女已考入名牌大學，也不宜宣揚，免得引起對方的反感。

第五步：設計好結束語

能給對方留下深刻印象的告別語，會使對方感到意猶未盡，期待下一次的交談。下列不同的結束語會達到不同的效果：

「祝您成功，恭候佳音！」良好的祝願會使對方受到鼓舞。

「今天有幸結識您，願從此常來常往！」熱情洋溢的語言會使對方覺得自己獲得充分的肯定。

「送君千里，終有一別，謝謝您的盛情款待。」感謝的語言令對方感到溫暖。

「今後如果路過這裡，請到我家做客，再見。」邀請式的結束語使人感受到尊重，同時為以後的交往埋下了伏筆。

「您覺得我還有哪些地方需要改進？怎樣做好呢？」徵詢式的結束語令對方倍感親切。

要讓陌生人對你一見如故，六個字可以總結訣竅：「情要熱，語要妙」。情熱，就是有滿腔熱情，直率真誠，不虛假，不做作，不吹牛，不炫耀自己；語妙，就是措詞得當，出言有禮，談吐生輝，幽默自然，千萬不要喋喋不休地講對方不感興趣的話。

多做「喜鵲」，莫做「烏鴉」

人們都喜歡聽讚揚的話，聽到這些話就像遇到「喜鵲唱枝頭」，令人高興振奮，從而對說話人產生好感。人們最討厭聽貶損、惡意挑錯的話，聽到這些話就像碰上「烏鴉頭上叫」，使人掃興，產生反感甚至憎惡。特別對於初次見面的人，你就更應該多做喜鵲，莫做烏鴉。

以讚美開道，拉近距離

不論對方是什麼樣的人物，其人性及心理都是相似的。你若多讚美，多為對方考慮，就可以拉近彼此之間的距離，最後贏得對方的心。

曾經有一段時間，戴爾・卡內基想把自己舊有的公寓出租出去，所以很想瞭解有關租屋的相關事宜。在此之前，他曾是不動產業的支持者，總認為擁有自己的房子最好。為了瞭解租屋的相關事宜，卡內基造訪了一家房屋仲介公司。

「我想諮詢有關租屋的規定……」

經理的回答出乎卡內基的意料：「您是戴爾先生？您是不是曾經寫過書的那位戴爾・卡內基先生？」

「是的，我出版過一些書……怎麼啦？」

「真的是您啊！剛接到您的電話時我就在想這個名字好像在哪兒聽過，果然讓我猜中了。您就是《人性的弱點》一書的作者吧？請您稍等一下。」說完他走進自己的辦公室，不一會兒手裡就拿著卡內基寫的書走過來。

「讓您久等了，是這本書吧？」

「是的，您能夠拜讀拙作，我實在感到萬分榮幸！」

「您太客氣了，以前我雖然嘴快反應好，卻沒有出眾的口才，無意中我在書店發現了您的作品，覺得這本書寫得相當不錯，內容既淺顯易懂又具體，給我很大的幫助。今天能夠在這裡見到您真是我的榮幸！」

「承蒙誇獎，我也很榮幸能夠結識您，拙作能夠對您有所幫助是我最大的快樂，謝謝您的指教！」

「您今天是想瞭解公寓出租的規定吧？讓我們先來看看現今房屋市場的狀況，好嗎？請允許我向您介紹一下最近的情況……」

「麻煩您了，我洗耳恭聽！」

這位經理向卡內基詳細介紹了房屋的現狀，最後他向卡內基提出建議：「從長遠的角度看來，我認為您與其出租房子不如把房子賣了。因為公寓將來是肯定要改建的，而且目前公寓供需並不太平衡，在這種情況下，如果還緊抓住它不放，絕對不是一個明智的選擇。不知您的看法如何？當然，若您真想把它出租，我也一定能為您找到一個好房客的。但我認為……噢，當然，一切還是由您自己決定比較好！」

「我明白了，請讓我考慮一下，好嗎？」

要知道，長久以來卡內基可是個忠實的不動產持有論的支持者，但聽完經理這一席話，卡內基動搖了。經過一個晚上的考慮，他決定聽從經理的建議：賣掉房子！

顯而易見，這位經理之所以能這麼順利地說服卡內基，其根本原因在於他先前的讚美——那種自然而然的讚美，無疑讓卡內基感到很舒服，從而接受了經理的建議。

多「戴高帽」，好辦事

讚美的形式很多，「戴高帽」可謂其中比較有效的一種。「戴高帽」的妙處在於，你將對方捧得高高的，讓對方處於一種騎虎難下的境地，從而不得不接受你的觀點。

喬・吉拉德曾經很多次把這種技巧運用到那些丈夫和妻子，父母和孩子的身上——當一名家庭成員為他或她所愛的人購買汽車時。例如，一位父親帶著他的女兒走進經銷店，父親打算買一輛新車送給女兒作為大學畢業禮物。

在推銷的某個關鍵時刻，喬・吉拉德設法通過讚美，使那位父親處於一種騎虎難下的狀態——不買車的話，他會感到很尷尬。

「你知道嗎？蘇姍，」喬・吉拉德說，「你真是一位幸運的小姐。」

「這話怎樣講？喬・吉拉德先生。」

「因為你有一位值得驕傲的父親！」喬・吉拉德用一種柔和而誇張的語氣說，「在我年輕的時候，我真希望也有一位這樣的父親。我想你應該感謝你父親為你買了這麼一輛漂亮的車。」

「是的，我很感激。」

要是這樣都無法讓那位父親動心的話，喬・吉拉德真不知道該怎麼辦了。事實上，喬・吉拉德看見過一些鐵石心腸的父親也會在這種情形下激動得雙眼含淚。但是他這樣說的時候，心裡確實是真誠的，喬・吉拉德也確實希望這位父親能夠以慷慨的方式表達自己的愛，而且，他也確實欽佩那些如此善待子女的父親們。

喬・吉拉德的這種「戴高帽」的做法，是從一位人壽保險代理人和一位皮衣店推銷員身上學來的。

那位人壽保險代理人曾經對喬・吉拉德和他的太太做過一次類似的推銷。喬・吉拉德的太太瓊當時反對購買保險，因為費用太大。但是那代理人卻戰勝了這種異議，做成了交易。他是這樣說的：「你們知道嗎？我曾經聽到很多妻子抱怨他們的丈夫在人壽保險上花了太多的錢。」看到喬・吉拉德的太太點頭表示同意，他又接著說：「但是我從來沒有聽哪位寡婦這樣抱怨過，喬・吉拉德先生。」

聽了這句話，喬・吉拉德不禁為之動容。隨後，他又招呼喬・吉拉德的小兒子和小女兒說：「喂，小朋友，我要你們把手裡的作業停一會兒，上這兒來。」

當他們走到餐桌旁之後，代理人說：「你們知道嗎？你們的爸爸很愛你們，他真是一個好父親。」說完，他就開始一言不發地填寫申請表。喬・吉拉德一家四口眼裡都湧動著淚花，彼此的愛意瀰漫了整個房間。代理人顯然掌握到控制權，他說：「好啦，小朋友，該去做作業了。」瓊再也沒有說過一句反對的話，生意就這樣成交了。

還有一次，瓊要喬・吉拉德陪她去逛皮衣店。作為一名顧客，喬・吉拉德對店員的推銷無動於衷，卻讓瓊一件接一件地試穿大衣。最後，瓊找到了一件自己非常喜愛的大衣，她站在鏡子邊足足欣賞了十分鐘。「我就要這一件，可我知道要花太多的錢，親愛的。」

喬・吉拉德還未開口，那位推銷員搶著說：「您穿上這件大衣，看起來有一種夢幻般的感覺。您不同意嗎?喬・吉拉德先生。」

「嗯，是的，」喬・吉拉德一邊盯著標價，一邊含混地說，「瓊，你看上去漂亮極了。」

推銷員轉而對喬・吉拉德的太太說：「有很多丈夫陪著太太到這兒來，卻說他們的太太穿著皮衣體形臃腫。您有這樣一位體貼的丈夫，真是幸福和幸運。我打賭他不會讓您失望！」

這一番話使喬・吉拉德感到自己高大無比，他的臉上也堆滿了得意的笑，但很快就領悟到——自己已經為太太買下了那件昂貴的大衣！

你看，給別人多「戴高帽」就這樣有用，所以，面對陌生人，不妨多給對方「戴高帽」。

遇物加錢與逢人減歲

在與陌生人交往時，有一些讚美他人的技巧是非常簡單，但又是非常實用的，如果能夠在與陌生人初次相見的時候使用它，一定會在短時間內拉近你們的關係。例

如，老百姓常用的「遇物加錢」與「逢人減歲」，就是最簡單和最實用的讚美方法。

買東西是我們每個人日常生活中再平常不過的一種生活行為。人們普遍的購物心理是，自己能夠用「廉價」購得「美物」，通常那些善於購物的人都具有這樣的品格，那是精明人的一種象徵。

也許我們不善於購物，但我們還是希望我們的購物能力能夠獲得別人的認可。所以，當我們購買了一件物品後，要是自己花了五十元，別人卻認為只需三十元時，我們往往會有一種失落感，覺得自己不會買東西。相反，當我們花了三十元買了一樣東西，別人認為需要五十元時，我們又往往會有一種興奮感，感覺自己很會買東西。正是這種購物心態的存在，「遇物加錢」這種說話技巧便有了用武之地。

與「遇物加錢」對應的是「逢人減歲」的做法。只要是人，又有誰不希望自己永遠年輕而不要過早地老去呢？所以，成年人對自己的年齡是非常敏感的。例如，你是一位剛剛三十出頭的小夥子，卻被別人看做是中年人了，你的心裡能高興嗎？

出於成年人普遍存在的這種怕老心理，「逢人減歲」這種說話技巧便有了討人喜歡的市場。這種技巧的特徵在於把對方的年齡儘量往小處說，從而使對方覺得自己顯得年輕，保養有方等，進而產生一種心理上的滿足。譬如說，一位三十多歲的陌生女人，你說她看上去只有二十多歲；一個五十多歲的人，你說她看上去只有三四十歲，

越是說得詞不達意，甚至是手足無措。相反，能夠儘快戰勝怯生心理的人，往往能在生命之中創造奇蹟。

小的時候我們都看過安徒生童話，尤其是《白雪公主》這個故事至今都還令我們記憶猶新。

白雪公主的美貌與善良遭到了王后的嫉妒，於是命令宮廷的武士說：「我不想再看到白雪公主了，你找個藉口，把她帶到森林裡偷偷殺掉。殺了以後，把她的心和舌頭帶回來，作為你殺死她的證據……」武士不忍心對白雪公主下手，於是讓白雪公主逃到森林裡去。

白雪公主走進森林的感覺是：「聽到貓頭鷹的叫聲，越走越覺得森林好可怕。」

接下來的故事：「突然，眼前有一棟小木屋，於是便又驚又喜地叫著：『啊，是小木屋！』白雪公主急忙向前敲敲門，可是屋子裡沒有人來開門。她就自作主張的把門打開。進入小木屋後，裡面竟然整齊排列著七張小小的床。白雪公主在森林裡跑了一天，覺得非常疲倦，就在那七張小小的床上躺了下來，不知不覺地睡著了。」

不難看出，處於絕境的白雪公主是一個敢於戰勝怯生的人，她以一顆純潔善良的心去面對陌生的環境，告訴七個小矮人她不幸的遭遇，後來才有了與七個小矮人相處的那麼一段美好時光，可以說是她的不怯生在絕境中，創造了生命的奇蹟。

戴爾・卡內基在他的《人性的弱點》中提到了人際關係的抑鬱症。是什麼導致抑鬱？是怯生。因為怯生，所以很多人到一個陌生的環境大感不適應，其主要原因就是害怕在與人進行語言溝通時說錯話而被人恥笑。

怎樣避免因怯生而給語言交流造成的尷尬呢？我這裡提供三種方法，不妨一試。

●問話探路法

把對方假設成一般過路人，然後像問路一樣，找一些自己心裡有數卻佯裝不知的問題請對方來回答，這樣你就取得了溝通的主動。

無論對方的回答對與錯，你均需認真地洗耳恭聽，即使對方說錯了，你也應該「將錯就錯」地表示謝意。因為這種問話探路的目的並不是要找到什麼答案，而是為了打開你和對方語言交流的閘門。一旦雙方對話的閘門被打開，順流而下，原先那種陌生感就會自然消失。

通常情況下，沒有人會惡意地拒絕一個虛心請教者。只要對方願意回答你的話，你所預期的社交方案便已經成功了一半。當然，這種方式聽起來好像有點兒虛偽，但對怯生者來說，不失為樹立自己說話自信心的有效辦法。

問話探路法只適用於和一個陌生人溝通，若和一個團隊接觸，則不適用。

●輕鬆探微法

和一個陌生人初識，有時只需抓住對方工作或生活的某個細節，就會很順利地叩開雙方溝通之門。

仔細觀察一下你要結識的陌生人，看看他們是否有比較特別的地方，比如對方穿著上是否有異國風情的配飾，比如對方使用的手機款式，比如對方所抽香煙的牌子……談論這些細節很可能立刻引起對方的興趣。

聊天的話題最好選擇節奏感比較輕鬆明快的、無需費盡思量的，這樣就不會讓人對你產生反感。有時即使無語，只需向對方抱以會心的一笑，也會拉近彼此的距離。

當對方有意和你溝通時，無論對方的話是對是錯，切忌直接否定對方，因為畢竟你們還不熟，如果不注意的話，你所做的一切細節探微的努力就會因此而徒勞。

●開門見山法

如果你經人介紹和一個群體初識（或你剛到一個團隊上班），你所面對的是許許多多陌生的面孔。你不瞭解他們，他們也不瞭解你。

逢此情況，心裡不要有顧慮，更不要迴避大家的提問。俗話說：「一回生，兩回熟。」第一回你就怯生而不語，何來第二回的相熟？要想儘快和一個群體相熟，不說話是不行的，但說話也要看怎麼說。面對你一言我一語的探問，你可千萬別忙著去應答任何一個問題，這樣你就很容易失去說話的機會，因為你還沒答完一個問題，第二個、第三個問題又在等著了。

那麼怎樣才能把握好與陌生群體對話的機會呢？我總結了幾種開門見山的開場白，不妨一試。比如「初來乍到，請大家多關照」、「今後我們要一起共事了，我有什麼不妥之處，還請各位包涵」、「作為新人，能得到大家的如此熱情，真讓我感動不已」、「認識大家很高興」……

對一個陌生的群體而言，故意迴避或有問不答，均被視為對這個群體的拒絕。但說話太多也難以被陌生的群體所接受，而且還會讓人感到害怕。

學會在陌生環境中微笑

在陌生的環境裡，人人都習慣板起一張面孔，保護著原本虛弱的尊嚴，以免受到來自外界的侵犯和傷害。結果，陌生的環境照例還是陌生的，你所擔心的那種「危險」仍然潛伏在你的周圍。

如果我們換一副表情，不要那種冷冷的傲慢的所謂尊嚴，不要緊繃著面孔，睜圓警惕與懷疑的眼睛，讓我們微微笑一下，會不會好些呢？

有個推銷員告訴我他親身經歷過的一件事。

他的工作是為強生公司拉客戶。客戶中有一家是藥店，每次他到這家店裡去的時候，總要先微笑著跟營業員寒暄幾句，然後才去見店主。

有一天，他到這家商店去，店主突然告訴他今後不用再來了，他的店不想再買他們強生公司的產品了。這個推銷員在回家的路上，越想越不對勁，最後決定再回去把原因找到。

走進店裡的時候，他照常微笑著和營業員打過招呼，然後到裡面去見店主。店主見到他很高興，笑著歡迎他回來，並且比平常多訂了一倍的貨。這個推銷員對此十分驚訝，不明白自己離開店後發生了什麼事。

店主指著營業員說：「在你離開店鋪以後，他走過來告訴我，說你是到店裡來的推銷員中，唯一微笑著向他打招呼的人。他告訴我，如果有什麼人值得做生意的話，就應該是你。」店主同意這個看法，從此成了這個推銷員最好的客戶。

微笑的妙用，我也曾有過體會。記得有一次我新租了一個住處，周圍的老住戶總是用警惕的眼睛打量我，那眼神一看就像審訊犯人一樣，怎麼辦？細一尋思，如果想以最快的速度擺脫陌生感，與周圍鄰居保持一種友好關係是最便捷的辦法，讓別人一步，其實是留給自己一步退路。第二天，我下樓，看見一些義務維持治安的老年人一齊用陌生的眼光打量我，我拿出最具親和力的笑容，向他們問好。短短的驚異像破曉

前的黑暗，他們多皺的臉上隨即現出了晨光般的笑容。

以後，他們一見我，就主動地向我問好。還有一位阿姨熱情地對我說：「小夥子，缺什麼東西來我家拿！」我含笑點頭，領受這份真誠。

學會在陌生的環境裡微笑，首先是一種心理的放鬆和坦然。對待陌生人，我們應該多一些真誠和友善。你的冷面、他的冷面、所有人的冷面，構成了陌生的人際環境，制約著心靈的溝通和交流。

如果我們學會了微笑，你的笑臉、他的笑臉、所有人的笑臉儘管依舊「陌生」，依舊要擦肩而過，但我們的內心卻再不會疲憊和緊張，我們的心裡也變得輕鬆而愉快。人與人之間雖無言但很默契，我們在陌生的環境裡感到的不再是陌生與冰冷，而是融洽和溫暖。

在陌生的環境裡微笑，是一種自尊、自愛、自信的表現。微笑是人類面孔上最動人的一種表情，是社會生活中美好而無聲的語言，她來源於心地的善良、寬容和無私，表現的是一種坦蕩和大度。

微笑是成功者的自信，是失敗者的堅強；微笑是人際關係的黏合劑，也是化敵為友的一劑良方。微笑是對別人的尊重，也是對愛心和誠心的一種禮贊。

在陌生的環境裡學會微笑，你就學會了怎樣在陌生人之間架一座友誼之橋，也掌握了一把開啟陌生人心扉的金鑰匙。人與人之間都是相互的，給人一個微笑，將會收穫十倍的歡樂。假如你想讓你的周圍散發著友愛的清香，那麼先開放你自己吧，一花獨放，肯定會引來春色滿園。

積極主動，是融入陌生環境的關鍵

進入一個陌生環境，難免會有不適應之感。譬如說，初涉職場的新人或者跳槽到一個新公司的人，都有一個要適應新單位的過程。而這個適應環境過程的長短又取決於你給別人的第一印象，取決於你是否主動。

一位剛從師範大學畢業的女學生，她充滿對新生活的憧憬，從都市來到偏僻的鄉村學校，卻發現校長和同事們對自己並無多大的好感，顯得比較淡漠。她急於想與幾位年齡相仿的女教師打成一片，她們卻似乎總是迴避她，使她產生了「格格不入」的孤獨感。

在這種情況下，女學生並不灰心。她經過努力，終於獲得了校長的好感和同伴的接受。她的做法是：主動接近別人，尋找相互瞭解的機會。通過教學實踐、集體活動等，她儘量使自己符合「新來的女教師」這一角色規範；在日常交往接觸中，她注意真誠、平等地對待他人，熱心地幫助有困難的同事；自己有困難時也同樣求助於人；

在合適的交談機會中，她又使別人瞭解自己的抱負、心願，用實際行動縮短了她與同事們的心理距離，使他們較全面地瞭解了她，並開始接受她。

人們常說，朋友的朋友就是自己的朋友。女學生首先在那群年輕女教師中建立了較好的人際關係，進而通過她們接近其他同事，很快就進入了這一圈子。這個圈子的同事對她的肯定評價，又影響了其他的同事。

第三章所講到很多與陌生人溝通的通用策略，在這裡都是很實用的。但不管運用什麼樣的溝通技巧，主動是融入陌生環境的關鍵。主動，就意味著一切都要從自身出發，發揮自己的主觀能動性，去影響你周圍的人，從而讓他們接納你。

適應陌生環境需要一個過程，也需要一個良好的心態，進入陌生環境裡要記著帶上真誠、友善、堅強、微笑。適應陌生環境既是一種技術，也是一種藝術，如果善於運用，無論置身於任何陌生環境中，你都可以做到遊刃有餘，得到最大的快樂和幸福。

以求教開路，沒有人會拒絕

每個人都有好為人師的本質，特別是自認為經驗豐富和取得了一些成就的人。當我們用「求教」的方式向陌生人提出問題時，很快就能縮短與陌生人的距離。因為你這麼謙虛，這麼真誠，幾乎很少有人會拒絕你。

向成功人士請教成功的秘訣

對於那些成功人士，向他們請教成功的秘訣，分享他們發展的經歷，是切入話題、達到自己目的最好的辦法。

日本保險大師原一平的故事，就充分說明了這一點。

有一次，經人介紹，原一平前去拜訪一位建築企業的董事長渡邊先生。可是渡邊並不願意接待原一平，見面就給他下了逐客令。原一平並沒有退縮，而是問渡邊先

生：「渡邊先生，咱們的年齡差不多，但您為什麼能如此成功呢？您能告訴我嗎？」

原一平在提這個問題時，語氣非常誠懇，臉上表現出來的跟他心裡想的一樣，就是希望向渡邊先生學習到其成功的經驗。

面對原一平的渴求，渡邊不好意思回絕他。於是，他就請原一平坐在自己座位的對面，開始講述自己的經歷。沒想到，這一聊就是三個小時，而原一平始終在認真地聽著，並在適當時候提了一些問題，以示請教。

最後，原一平也沒有提到保險方面的事情，而是對渡邊先生說：「我很想為您寫一份有關貴建築公司的計畫，可以嗎？」

渡邊已經被這位誠心求教的人打動了，自然點頭答應。

原一平花了整整三天三夜，把一份建築公司計畫書做了出來。這份計畫書內容非常豐富，資料翔實，而且建議也非常有價值。

渡邊先生依照原一平的這份計畫書，結合實際情況具體地操作了起來，結果效果顯著，業績在三個月後就提高了百分之三十。渡邊非常高興，把原一平當成了最好的朋友。當然，渡邊的建築公司裡的所有保險，都在原一平那裡買了。

成功人士都有好為人師、喜歡指導、教育別人，或表現自己的心理。我們如果有意找一些不懂的問題，向陌生人請教，一般人是不會拒絕虛心討教的我們的。

向行家請教專業問題

對於你所要結交的陌生人，採用求教的方法，要因人而異。如果他是某方面的行家，你就可以向他請教他所在行業內的專業問題。

記得有位學員就曾經跟我分享過他的一個案例。他是做二手汽車生意的，他利用這樣的技巧，把一輛二手汽車成功地賣給了一位汽車發燒友。這位學員帶著那位汽車發燒友看過一輛又一輛的車子，但總是不滿意。這不適合，那不好用，價格又太高，汽車發燒友總是說價格太高。

當有位顧客希望把他的舊車子換一輛新車的時候，這位學員就又打電話給汽車發燒友，請他過來幫個忙，提供一點建議。他知道這部舊車子對汽車發燒友可能很有吸引力。汽車發燒友來了之後，學員說：「你是個很精明的買主，你懂得車子的價值。能不能請你看看這部車子，試試它的性能，然後再告訴我這輛車子別人應該出價多少才合算？」

汽車發燒友的臉上泛起笑容，很高興地試了一圈車並認真檢查了車的各個部位。「如果別人能以五萬元買下這部車子，」他建議說，「那他就買對了。」

「如果我能以這個價錢把它賣給你，你是否願意買它？」這位學員問道。果然事情出奇的順利，這筆生意立刻成交了。

無獨有偶，美國有位X光機器製造商，利用同樣的心理戰術，把他的設備賣給了布魯克林一家最大的醫院。那時這家醫院正在擴建，準備成立全美國最好的X光科。知道這個消息後，一群推銷員整天包圍著負責採購設備的大夫，他們一味地歌頌、讚美他們自己的機器設備。然而，有一位推銷員運用如下技巧：

他見到這位大夫是這樣說的：「我們的工廠最近生產了一批新的X光設備，這批機器的第一部分剛剛運到我們的辦公室。它們並非十全十美，我們想改進它們。因此，如果您能抽空來看看它們並提出您的寶貴意見，使它們能改進得對你們這一行業有更多的幫助，那我將深為感激。我知道您很忙碌，我會在您指定的任何時間，派車子去接您。」

「聽你這麼說，我既覺得驚訝，又覺得受到很大的恭維。以前從沒有任何一位X光機製造商向我請教，你這樣做使我覺得自己很重要。這周我每天晚上都很忙，但是我還是決定推掉今天的約會，去看看那套設備。」大夫說完便隨這位推銷員去看設備。大夫看得愈仔細，愈發覺自己喜歡它，最後他為醫院買下了那套設備。

對於某方面的行家，當然向他請教他擅長的領域比較容易切入。請教可以是經營方面的問題，也可以是人品修養、個人情趣等方面的問題，這需要因人而異。但不論請教什麼方面的內容，我們都應謙虛誠懇，多聽少說；讚美在前，請教在後；請教在前，目的在後。

誰都願意親近尊重自己的人

尊重別人是一種禮貌，也是一種品德，同時也是社交中不可或缺的一門學問。有些人在自己東不成、西不就的時候，做人還算低調，還懂得怎麼去尊重他人。但是，當他們一旦在事業上或者其他方面上有所成就時，便大大咧咧，漸漸把尊重這個詞拋之腦後了，總覺得自己很了不起，任何人都得對他俯首稱臣。

這裡有個很有趣的小故事，故事的名字叫《女王敲門》：

一次，英國維多利亞女王與丈夫吵了架，丈夫獨自回到臥室，閉門不出。

女王回臥室時，只好敲門。

丈夫在裡邊問：「誰？」

維多利亞傲然回答：「女王。」沒想到裡邊既不開門，也無聲息。她再次敲門。

裡邊又問：「誰？」

「維多利亞。」女王回答。裡邊還是沒有動靜。

女王只得再次敲門。

裡邊再問：「誰？」

女王學乖了，柔聲回答：「你的妻子。」這一次，門開了。

誰都願意接近尊重自己的人，夫妻之間需要尊重，同事之間需要尊重，同學之間需要尊重，與陌生人交往同樣也需要尊重。可以說，只有學會尊重他人，才能與他人更好的交往、相處、洽談、合作。不然，像維多利亞女王一樣吃閉門羹是免不了的。

孟子說：「人之患，在好為人師。」好為人師，是人性的一個弱點，其實質是人類天性中最高貴的自尊心在作祟。每個人都希望能得到他人的尊重和敬仰，無論他是偉人還是平民，是老人還是小孩。法國大作家羅曼・羅蘭說，自尊心是人類心靈的偉大槓桿，只要你能滿足對方的自尊心，你就可以把握對方。

搞定陌生人，先搞定自己

佛曰：我是一切的根源。

這話揭示了很深刻的道理。在很多的情況下，外在的環境是很難改變的，只有先改變自己，你才能逐步去改變它。對於陌生人，道理一樣，如果你不先克服阻礙自己與陌生人交往的人性弱點，那麼「搞定陌生人」只是癡人說夢而已。

問題往往出在自己身上

有位老人靜靜地坐在一個小鎮郊外的馬路邊。

一位陌生人開車來到這個小鎮，看到了老人，停下車打開車門，向老人問道：「老先生，請問這個鎮叫什麼名字？住在這裡的人屬於哪類人？我正在尋找新的居住地！」

老人抬頭看了一眼陌生人，回答說：「你能告訴我，你原來居住的那個小鎮上的

人是什麼樣的嗎？」

陌生人說：「他們都是一些毫無禮貌、自私自利的人。住在那裡簡直無法忍受，根本無快樂可言，這是我想搬離的原因。」

聽了這話後，老人說：「先生，恐怕你又要失望了，這個鎮上的人和他們完全一樣。」陌生人快快地開車離開了。

過了一段時間，另外一位陌生人來到這個鎮上，向老人提出了同樣的問題：「住在這裡的是哪一種人呢？」

老人也用同樣的問題來反問他：「你現在居住的鎮上的人怎麼樣？」

陌生人回答：「哦，住在那裡的人非常友好，非常善良。我和家人在那裡度過了一段美好的時光，但是，我因為職業的原因不得不離開那裡，希望能找到一個和以前一樣好的小鎮。」

老人說：「你很幸運，年輕人，居住在這裡的人都是跟你們那裡完全一樣的人，你將會喜歡他們，他們也會喜歡你的。」

很多的時候，我們總是習慣從別人身上去找原因，卻不知道最大的問題往往出在自己身上。

通常我們覺得陌生人冷漠、沒有熱情，難以接近，但是我們卻很少反省過自己，是否對自己有足夠的信心？對陌生人是否有足夠的熱情？是否對他們有應有的尊重？

很多的時候，自身的各種缺點，可能會讓對方對你敬而遠之，因為你對於他們而言，同樣是陌生人。所以，要想讓陌生人接受你，首先要改變你自己：改變自己的種種偏見、人性的缺點、自身的毛病等。

你是屬於哪種類型的人

對於陌生人，不同性格類型的人，會有截然不同的看法。確定自己屬於哪個類型，然後根據自己性格的特點，調整對陌生人的態度和交流方式。

●外交官型

這種類型的人，其特點是：為人活躍，非常善於交際，也喜好外出，為人坦率隨和，易於適應環境；總是面帶笑容，無論是在聚會還是平常相處都不會讓朋友感到死氣沉沉。

不過，這類人容易輕信他人，因此在和陌生人交往的時候要注意保持安全距離。

●演說家型

這種類型的人，其特點是：喜歡到公開的場合中去，並有極強的表現欲，常常想

方設法去調動周圍朋友的活躍氣氛。對於這類人，朋友肯定是非常喜歡他們，因為他們懂得站到別人的立場上去替別人著想。

但是，這類人太注重表現自己，在生活中，有時候所表現出的一些小動作容易讓周圍的朋友誤解為自私。由此，在與陌生人交往的時候，應該把握好自己說話做事的尺度，不能過分地、刻意地去表現自己的才能。

●藝術家型

這種類型的人，其特點是：愛安靜，富於想像，愛思考，他們多數需要有朋友圍在自己身邊；他們會自覺或不自覺地為自己建立一個小圈子。藝術家型的人往往喜歡主動與陌生人說話，探討的話題往往與藝術有關。他們對藝術熱誠，對周圍的朋友具有天然的感染力，因此在這類人當中，除了少數有心理障礙的人，他們多數都具有良好的人緣，和驚人的與陌生人交往的能力。

但是，藝術家型的人在社交中，太過於專注自己的特長，談話時難免會給人「三句話不離題」的感覺，從而產生厭煩的情緒。

●理想家型

這種類型的人，其特點是：對陌生人興趣索然。他們的朋友都是固定的，懶得增加也不喜歡減少；他們置身於城市的喧囂之外，僅僅為自己的快樂而存在，是典型的利己主義者。

但是，理想家型的人，當他們的生活不符合自己的理想狀態時，往往會數倍地放大自己的情緒——憂傷，甚至是絕望，讓想與之交往的陌生人敬而遠之。

人性的弱點，危害無窮

一句批評或者奉承的話往往會使人暴露出自己的弱點。

有一個寓言故事說明了這一點。

一位科學家得知死神正在尋找他，便利用技術複製出了十二個「自己」，想在死神面前以假亂真保住性命。

面對十三個一模一樣的人，死神一時分辨不出哪個才是真正的目標，只好悻悻離去。但是沒過多久，對人性的弱點瞭若指掌的死神，想出了一個識別真假的好辦法。

死神又找到那十三個一模一樣的科學家，對他們說：「先生，你確實是個天才，能夠複製出如此近乎完美的複製品。但很不幸，我還是發現你的作品有一處微小的瑕疵。」

話音未落，那個真的科學家暴跳起來大聲辯解道：「這不可能，我的技術是最完

美的！哪裡有瑕疵？」

「就是你。」死神一把抓住那個說話的人，把他帶走了。

這就是人性的弱點惹的禍，每個人身上都或多或少有些弱點，有的弱點最多能造成社交的不愉快，於生活無足輕重。而有些弱點卻足以使人命喪黃泉。

在與陌生人交往中，人性弱點都是致命的，如果不想辦法攻克它們，勢必會成為你通往成功的攔路虎。因此，你必須靜下心來，好好反省自己，將自己所有的缺點一一列出來，對症下藥，只有掃除了這些障礙，與陌生人的溝通才會變得暢通無阻。

溝通APP

哲人有言：改變世界，先改變自己。對於陌生人，道理一樣，如果你不先改變自己對陌生人的偏見以及自身的弱點，那麼「搞定陌生人」只是癡人說夢而已。每個人都有人性的弱點，有些弱點是影響你與陌生人溝通的天敵，譬如自卑、猜疑，它們總是在關鍵的時刻出賣你。因此，下定決心攻克它們，是保證你與陌生人溝通無阻的前提。

結交陌生人，主動是關鍵

主動這個詞語在我們前面的文中不斷出現，充分說明了它在我們與陌生人交往的途中所占的分量是多麼重。在這一個小節，我們特此將它提出來，作為一個小節強調性地介紹幾點，以便朋友們能更好地將它掌握。

主動捅破那層「窗戶紙」

不知道你想過沒有？你和陌生人之間往往只隔著一層「窗戶紙」——你渴望與他們結交，他們同樣有這樣的心理，只是因為陌生而變得矜持。如果有人能捅破這層紙，雙方的溝通就會非常順利。下面這則故事就可以說明這一點。

一個星期一的早晨，在一輛開往市區的公共汽車上，人們都靜靜地坐在自己的座位上讀著報紙，誰也沒有講話。車廂內安靜極了。

突然，司機回頭大聲對乘客們說道：「我是你們的司機。現在，請你們全都放下報紙，轉過頭去對坐在你旁邊的那個人說：『早安，朋友！』」

乘客們先是莫名其妙，隨即都會心地笑了起來，頓時，車廂內的氣氛活躍了。這位司機就是看準了陌生人之間難以捅破的這層「窗戶紙」，幫助他們解決了這個「難題」。

如果我們每個人也能像司機那樣，主動去捅破你與陌生人之間的這層紙，那麼，你與陌生人的溝通不就變得暢通無阻了嗎？因為陌生人同樣有著與你結識的渴望。

其實，與陌生人交往的最大障礙，就是自己的「心理障礙」。只要你回憶一下別人主動與你交談時你內心的激動，就會明白無論是認識別人，還是被別人認識，都是令人愉快的事情。

主動向別人打招呼和表示友好的做法，會使對方產生「他鄉遇故知」的美好感覺和心理上的信賴。當你嘗試著向陌生人伸過手去，並主動介紹自己時，你就會發現這比被動站在那裡要輕鬆自在多了。一旦這種做法成為習慣，你就會變得更加灑脫自然，朋友越來越多，事業也越來越興旺發達。

抓住主動開口的時機

人際關係對每個人獲得成功非常重要，而擴大社交圈子的最好途徑就是有意識地、主動地在生活中隨時隨地建立人際關係。一般而言，在碰面的三十分鐘內開口說話是最理想的。

人們在接納陌生人時是有一個心理時限的。這個道理其實很簡單，生活中，每個人都有各種事情需要自己去做，各種事情需要自己去想，因此不可能有太多的閒情。另外一點要注意的是，每個人對外界的新事物都會產生一定的好奇感，這種好奇感本身也有一定的時限。基於這兩種原因，你想要接近陌生人，在適當的時間內，就必須得主動地採取行動。

比如，在火車內，你故意向對方借閱報紙，並趁機就報紙新聞發表意見，或者詢問一下該車次的到站時間等。

此外，要善於把握機會開口說話，比如對方是女性，那麼在她正費力地擱放行李的時候，便可以說「讓我幫你放吧」。只需一句話，一個舉手之勞，氣氛就會立刻緩和下來。於是你們便可以很自然地聊起來了。如果讓這種時機溜走，等坐定後，冷不防地開口搭訕，必定讓對方感到突兀。

通過主動詢問，激發顧客深層需求

主動與陌生人溝通，這在商品推銷中顯得更為重要。特別是通過主動詢問，去挖

掘顧客潛藏的需求，從而成交更多的商品。這一點，我的妻子有過深刻的體會。

幾個月前，她走進了一家美容化妝品店，她的目的很簡單——買一瓶護膚霜，她只想買這一樣東西。櫃檯後面的那位小姐木然地凝視著我妻子。

我妻子想她得先開口說話了，因此說：「我要買瓶護膚霜。」

她拿手指了指，說：「在那邊。」

付了錢，我妻子就離開了那家店，整個事情就這麼結束了。

大約一周後，我妻子去一家電器商店。同樣，她的目的非常簡單：買一個簡單的鐘式收音機，她只打算買這一件商品。

她走進那家店，來到櫃檯前，看了一眼櫃檯後的那位女店員。儘管她已經做好了先開口的準備，但是，讓她驚奇的是，這一次她不必先開口了。

櫃檯後邊的女店員主動迎上來，微笑著對她說：「您好，這邊請。」

「您好！」妻子應到，「您能告訴我哪裡能買到一台兩百元的鐘式收音機嗎？」

請記住，這是她想買的唯一商品。然而，在談話的那個關頭，意想不到的事發生了。「當然可以，不過，僅僅是出於好奇……今天是什麼原因使您走進店裡的呢？」

真是致命的一個問題呀！我妻子回憶說，正是這個問題激起了她新的購買欲望。她確實對她生活中所發生的變化感興趣。很顯然，肯定某件事發生了變化，才會使她走進這家店，解釋說：「我們全家剛搬到附近的公寓，而公寓裡空蕩蕩的，一無所有，我早晨無法按時起床。」

女店員笑著把我妻子帶到了賣鐘式收音機的櫃檯前，她挑了一款。然後她問我妻子想不想看看電視機。當然，這很合理，我們搬到一所空蕩無物的公寓裡，很有可能要在這裡住上一陣，就很可能要買一台電視機，況且，我妻子人已經來到了這家電器商店，為什麼不順便看一看電視呢？

我妻子說：「當然要，你能告訴我賣電視的櫃檯在哪嗎？我看看你們有什麼款式。」之後女店員還問：「要看一看CD機嗎？微波爐呢？或者無線電話？」

我妻子本來只打算買一台鐘式收音機，而一小時後她離開那家商店時，她卻購買了四件商品，這一切只是因為有人主動向她詢問。

我妻子單純為了買一件東西而去了兩家不同的商店。前者的店員被動地與人溝通，後者的店員卻通過詢問主動地與我妻子溝通，從而激發了她更多的購買欲望。由此可見，被動與主動溝通所產生的效果有著天壤之別。

鼓勵員工建立主動性聯繫

現在很多公司規模龐大，全球化運營，一年的員工流動率超過百分之廿五，所

以，很多的人雖然在同一公司工作，卻是從未接觸的陌生人。對大公司而言，這是再正常不過的事情。但是，有些項目，一個人的力量無法完成，必須集思廣益。主動與其他同事溝通，建立聯繫，就顯得尤為關鍵。

想像一下這樣一個情景：你是一名諮詢顧問，公司剛剛把一個新項目分配給你，一周後就要做一個重要的報告。不幸的是，對於客戶的問題，你毫無經驗。你也清楚地知道，公司有人曾經處理過類似的案例。然而，如果要從全球知識資料庫中大海撈針般把那些案例找出來，可能會花上好幾個小時。而且即使你研究了這些案例，你所得到的也無非是剔除了特定名字和數字之後的案例總結。

遇到這種情況，你該怎麼辦呢？答案很簡單，只要懂得「主動性聯繫」的重要性，拿起電話，撥通號碼，向所有的同事集思廣益，那你就有可能完成這項任務。

所謂「主動性聯繫」，就是陌生的同事在毫無準備的情況下進行溝通，傳遞重要的知識，並且不求回報。並沒有很多企業管理者瞭解這種做法，更不用說為什麼要這麼做了。

主動性聯繫無疑有助於建立公司的競爭優勢，那麼管理者應該如何鼓勵這種關係呢？

有一些結構性條件可以增加主動性聯繫的可能性。如果員工在公司能夠接觸到不同的網路，這就能讓他們更容易建立主動性聯繫。比如說，他們可能是某個小組的成員，但是他們也會和不同小組的同事坐在一起。這讓員工從一開始就處在兩個圈子中，這樣他或者她就能從更多的人那裡接收到不同的要求。

另外一個鼓勵這種交流方法就是在各個辦事處之間進行交叉培訓。員工就會認識他們不太可能一起工作的同事，這樣一旦有需求，他們就可以向更多的人尋求幫助。

建立主動性聯繫有利於建立企業的競爭優勢，提高快速解決問題的能力，更能使企業創造巨大的財富，應該在企業推而廣之。

溝通APP

人與人之間從陌生到相識是很平常的事情，但有的機會是稍縱即逝的，所以，主動與陌生人結交，最大的好處就在於能把握任何的機會。在某種意義上講，人人都是貴人，時時都是良機，處處都是寶地。因此，要隨時隨地重視你所能遇到的每一個人，主動去結交陌生人。

陌生人的面子要給足

俗話說，人活一張臉，樹活一層皮。面子是很多人極其看重和維護的東西。在和陌生人的交往中，如果你懂得投其所好地維護對方的面子，往往會讓對方視你為知己，對你感恩戴德。另一方面，在與陌生人交往的過程中，如果你善於利用對方好面子的心理，你就可以輕鬆辦成事。

沒有面子，就無法「面對」

一輛破舊的老爺車停在飯店門前，車身上生滿鏽，水箱沒有蓋子，蒸汽直往外噴，車篷早已脫落。

車主對一個流浪漢說：「我要打個電話，請你幫我看一下汽車好嗎？」對方答應了。

事後車主想酬謝流浪漢，問他要多少錢。

「五百元。」

「什麼？這簡直是搶劫！我才去了三分鐘。」車主大叫。

「先生，這不是時間的問題，而是關係到本人面子的問題，過路的人都以為這破車子是我的。」

一個乞丐都要面子，可見人們對自己面子的看重。這雖然只是一個笑話，但同樣反映出了人們對面子的看重程度深。

對某些人來說，面子是個特別重要的東西。「餓死事小，失節事大」。在很多情況下，這個「節」指的不是「氣節」而是「面子」。有一句老話說，人活一張臉，樹活一層皮，意思就是說人要是沒了面子，寧可不活了。

面子的規則是：沒有面子，就無法「面對」；你不給別人面子，別人也不會給你面子。

據義大利志願心理學家協會「幫幫我」的統計，一年有三百萬義大利人向親友謊稱外出度假，而實際上卻隱藏在家中。他們在冰箱裡塞滿食品飲料，適當調節空調的溫度，打開電話錄音，放下百葉窗，彷彿真的去度假了。這些撒謊人由於手頭拮据或其他原因，無法像其他人那樣歡度美好假日。可又出於面子，不願在他人面前示弱，就採取了這種荒唐的做法。

「幫幫我」協會援引一家統計機構的調查，百分之十九的義大利人（約一千一百萬人）在家度夏。他們當中的百分之五到六採取「打腫臉充胖子」的做法。他們宣佈將赴遙遠的異邦體味神秘的異國情調，煞有介事地與熟人告別，一本正經地把約會推遲到九月份，甚至把花木搬到鄰居家請他們照料，把汽車存到收費車庫。

此外，百分之廿四的撒謊者還購買日光浴燈和防曬油，百分之十三的人通過網際網路購買紀念品，百分之七的人特意進行體能訓練，讓肌肉發達。他們為自己「度假歸來」做了細緻的規劃。為了對佯稱要去的地方瞭若指掌，對當地的商店餐廳非常熟悉，他們閱讀大量資料，還編造一些「親身經歷」的趣聞軼事，並向親友寄送明信片，讓收件人好不羡慕。

然而，要想充胖子就得以打腫臉為代價。離群索居的孤獨和度日如年的乏味就是那些假稱去天涯海角度假的人為換取「羡慕目光」所付出的犧牲。

凡此種種，無不說明人們對面子的重視程度之大。

常言道：「樹要皮，人要臉。」這面子代表著作為一個人的人格和尊嚴。給了面子，就是尊重了人格；掃了面子，就是侵犯了尊嚴。

利用「好面子」心理，好辦事

二十世紀六〇年代初期，詹森想建設自己的大廈，但是資金一直沒有籌措充足。到後來，他想，先開工吧，到用的時候我只要能弄到錢就行了。

一天，建築商告訴他，錢只夠用一個星期了。那時，詹森恰好和一位銀行主管在一起吃飯。詹森拿出工程藍圖，就打算鋪在餐桌上，向這位主管介紹自己的宏偉計畫。那位主管看到他的動作，說：「這兒不好談，你明天到我辦公室來。」

第二天，一切都很順利，銀行通過了詹森的貸款申請。

「太好了！」詹森知道消息後說，「現在，唯一的問題就是，我必須在今天獲得確定的承諾。」

「開玩笑！」主管說，「從來就沒有在申請貸款當天獲得確定承諾的案例。」

詹森把椅子往主管旁邊靠了靠，看著主管的眼睛，真誠地說：「你是這個部門的主管，你有很大的權力。確實，我知道從來沒有這樣的先例，但我想，依照你的權力與地位，應該能辦到。」

主管聽了詹森的話，笑著說：「你這是讓我為難了，不過，讓我來試試！」

結果，事情就成了。

有很多人，寧願自己吃虧，但是不能丟面子，這就是我們平常說的「死要面子，活受罪」。因此，我們在辦事的過程中，如果在對方的面子上做足文章，辦起事來就會順利得多。

在與陌生人的交往中，當我們善於去維護和顧全對方的面子，對方就會心存感激，同樣以給面子作為回報，從而容易形成密切的人際關係。給對方的面子越大，越是顧全別人的面子，這種互動的關係越會良性運行，人與人之間的關係就越密切。建立了密切關係，何愁事情辦不了呢。

給予幫助，維護面子是關鍵

面子其實包括很多方面，其中最被看重的無疑是一個人的自尊。心理學認為：自尊是一種精神需要，是人格的內核；維護自尊是人的本能和天性；尊重的欲望是人類天性最深刻的衝動。這就要求每個人，在與陌生人的溝通中，特別是給予他們幫助時，要懂得維護他們的尊嚴。下面這個故事可以給我們一些啟示。

有對夫婦畢生精心經營著一個農場，在經濟大蕭條的那段歲月裡，有許多人漂泊來到這個遠離城市的未受到太多影響的農場。

第一個來客是個衣衫襤褸但舉止文雅的人，他向男主人行了禮，然後解釋説自己已經兩三天沒有進食了，希望能找點活兒幹。男主人打量了他一下，回答道：「後院圍牆邊有堆木柴，我想請人把它們搬到院子的另一邊。你在午餐前會有足夠的時間搬完它們的。」説著，他緊握了一下那男子的手。

那人眼睛霍地一亮，然後就匆忙跑到後院開始工作。女主人則在餐桌前添了一張凳子，又特意烤了一張蘋果餅。「沒有什麼比失去自尊對一個人的打擊更大了。」男主人説。

不久，另一個身穿套裝的人也來到農場請男主人給點食物吃，男主人同那人握了握手道：「我後院牆邊有一堆木柴，希望你能幫我把它們搬到院子的另一邊，然後我們全家將高興能與你共進午餐。」那人立即脱下套服，投入工作……

這對夫婦都不記得曾有多少陌生人去過他們的農場，並且與他們一同用餐，更不記得後院中的那堆木柴被搬來搬去多少次。但他們都知道，在那段日子裡，那堆乾柴，可以點燃人們的心靈之火。

古語云：廉者不受嗟來之食。給予陌生人的幫助本來是出於我們的一番好意，但

如果我們不小心傷了他們自尊，那就會造成意想不到的後果。因此，給予陌生人的說明也需要技巧，要懂得維護他們的尊嚴。

每次讀到類似於下面的故事，我就會不由自主地被深深打動。

二十年前某日黃昏，有一名看似大學生的男孩徘徊在台北街頭的一家自助餐店前，等到吃飯的客人大致都離開了，他才面帶羞赧地走進店裡。

「請給我一碗白飯，謝謝！」男孩低著頭說。

店內剛創業的年輕老闆夫妻，見他沒有選菜，一陣納悶，卻也沒有多問，立刻就盛了滿滿一碗的白飯遞給他。男孩付錢的同時，不好意思地說了一句：「我可以在飯上淋點菜湯嗎？」

老闆娘笑著回答：「沒關係，你儘管用，不要錢！」

男孩吃飯吃到一半，想到淋菜湯不要錢，於是又要了一碗。

「一碗不夠是嗎？我這次再給你多盛一點！」老闆很熱情地回應。

「不是的，我要拿回去裝在便當盒裡，明天帶到學校當午餐！」

老闆聽了，在心裡猜想，男孩可能來自南部鄉下經濟環境不是很好的家庭，不肯放棄讀書的機會，獨自一人北上求學，甚至可能半工半讀，處境的困難可想而知，於是，悄悄在餐盒的底部先放入店裡招牌的肉臊一大匙，還加了一個滷蛋，最後才將白飯覆蓋上去，乍一看就只是白飯而已。

老闆娘見狀，明白老闆想幫助那個男孩，但搞不懂，為什麼不將肉大大方方地加在飯上，卻要藏在飯底？老闆貼著老闆娘的耳朵說：「男孩若是一眼就見到白飯加料，說不定會認為我們是在施捨他，這不等於直接傷害了他的自尊嗎？這樣，他下次一定不好意思再來。如果轉到別家一直只是吃白飯，怎麼有體力讀書呢？」

「你真是好人，幫了人還替對方保留面子！」

「我不好，你會願意嫁給我嗎？」

當男孩拿到沉甸甸的餐盒時，不禁抬頭望了老闆夫妻一眼。

「要加油喔！明天見！」老闆向男孩揮手致意，話語中透露著，請男孩明天再來店裡用餐。

男孩眼中泛起淚光，卻沒有讓老闆夫妻看見。從此，男孩除了連續假日以外，幾乎每天黃昏都會來，同樣在店裡吃一碗白飯，再外帶一碗，當然，帶走的那一碗白飯底下，每天都藏著不一樣的秘密。男孩畢業後的二十年裡，這家自助餐店就再也不曾出現過男孩的身影了。

某一天，將近五十歲的自助餐店老闆夫妻，接到市政府強制拆除違章建築店面的

通告。他們面對中年失業，平日儲蓄又都給了兒子在國外攻讀學位。想到生活無依，經濟陷入困境，不禁在店裡抱頭痛哭了起來。就在這個時候，一位身穿名牌西裝，像是大公司經理級的人物突然來訪。

「你們好，我是××企業的副總經理，我們總經理命我前來，希望能請你們在我們即將要啓用的辦公大樓裡開自助餐廳，一切的設備與食材均由公司出資準備，你們僅須帶領廚師負責菜肴的烹煮，至於盈利的部分，你們和公司各占一半！」

「你們公司的總經理是誰？為什麼要對我們這麼好？我們不認識這麼高貴的人物！」老闆夫妻一臉疑惑。

「你們夫妻是我們總經理的大恩人，總經理尤其喜歡吃你們店裡的滷蛋和肉臊，我就只知道這麼多。其他的，等你們見了面再談吧！」

終於，那每次用餐只叫一碗白飯的男孩，再度現身了，經過二十年艱辛的創業，男孩成功地建立了自己的事業王國，眼前這一切，全都得感謝自助餐店老闆夫妻當初的鼓勵與幫助，話過往事，老闆夫妻打算告辭，總經理起身對他們深深一鞠躬並恭敬地說：「加油喔！公司以後還須要靠你們幫忙，明天見！」

很多的時候，如果不注意對方的面子問題，就可能好心辦壞事。特別是給予別人幫助的時候，雖然你是真心幫助對方，但如果一副高高在上的樣子，沒有顧及到對方的自尊，反而會起到相反的效果。因此，在與陌生人交往中，一定要懂得設身處地從他們的角度出發，恰到好處地維護他們的面子，從而與之建立和諧的關係。

「面子」這個概念的另一種表達就是「榮譽」。如果你能夠激發一個人的榮譽感，這榮譽感的行為指向與你的目標相同，你的事情就很容易辦成。因此，在與陌生人的交往中，你不妨利用對方愛面子的人性弱點，在面子上巧做文章，你不但會很輕鬆地辦成事，而且能獲得真心的朋友。

雄辯是銀，傾聽是金

古希臘有一句民諺說：「聰明的人，借助經驗說話；而更聰明的人，根據經驗不說話。」西方還有一句著名的話：「雄辯是銀，傾聽是金。」中國人則流傳著「言多必失」和「訥於言而敏於行」這樣的濟世名言。

和陌生人溝通最重要的原則之一就是要學會聽別人說話，這是對人的基本尊重。對於對方說的話，需要耐心地、仔細地傾聽，因為這樣才是對人尊重的表現，同時，也會促進你們的有效溝通。

不懂得傾聽，很多的時候會造成難以挽回的後果，對此，世界上最偉大的推銷員喬・吉拉德就曾經有過這樣的教訓。

那次，喬・吉拉德耗費了半個小時為一位男士解說，而且十分自信他必然會出手買下汽車。喬・吉拉德自以為接下來的事情是，只要將他帶到辦公室，請他簽下訂單就行了。

當他們向辦公室走去時，這位男士開始談起他那位在密西根大學就讀的兒子。當他說道：「我的兒子將來會成為一名醫生」時，他的臉上閃現出耀人的光彩。

「很不錯。」喬．吉拉德說。在他們繼續朝辦公室走去時，喬．吉拉德看見其他一些推銷員正聚在一起玩鬧。經不住這種氣氛的誘惑，他也讓辦公室的門敞開，於是，他在與這個客戶繼續談話的時候的，將目光轉向了門外那群推銷員身上。

「天，我的兒子真聰明，喬，」他滔滔不絕地說著，「在他還是嬰兒的時候，我就發現他相當聰明。」

「他的成績很好吧？」喬．吉拉德附和著，但目光依舊看著外面那群傢伙。

「是的，他在班上總是名列前茅。」他說。

「那他高中畢業之後想要做什麼？」喬．吉拉德問。

「我已經告訴你了，喬，他現在在密西根大學讀書，將來要做一名醫生。」

「喔，很不錯。」

這位男士將目光移到了喬．吉拉德的臉上，這才明白喬．吉拉德根本就沒有專心聽他講話，他的雙眸中明顯蘊藏著某種情緒。「喬，」他突然說道，「我要走了。」接著便踱步離去。

當喬・吉拉德下班回到家時，他回想起當天的所作所為，分析了他所完成的每筆交易，流覽起那些從他手中流失的客户。當他想起這位男士時，心中覺得極不舒服。

第二天清晨，喬・吉拉德打了一個電話到那位客户的辦公室，誠懇地對他說道：「我是喬・吉拉德，很希望你能再次光臨，我想要賣車給你。」

「嗯，大老闆，」他說，「世界上最偉大的推銷員先生，我告訴你，我已經從別人那裡買到車子了。」

「你已經買下了？」喬・吉拉德感到十分驚訝。

「沒錯，我從一個欣賞我說話的人那裡買下了車子。當我向他講述我為我的兒子感到多麼驕傲時，他能非常專注地傾聽。」

在他們之間有一段短暫的沉寂之後，他接著繼續說道：「喬，你當時根本就沒有聽我說話，在你心目中，我的兒子會不會成為醫生一點也不重要。讓我告訴你一件事，大老闆，當別人告訴你他們喜歡什麼、不喜歡什麼的時候，請你專心聆聽，請你全神貫注傾聽他們說話！」

在那一剎那，喬・吉拉德知道他做錯了什麼，他竟然錯得如此離譜。

從喬・吉拉德的故事中，我們得知，傾聽不僅僅是要聽，而且要做到全神貫注，能讓對方感覺到你是在聽，而且聽得很仔細，所以說，傾聽也是有技巧的。以下有八種傾聽的技巧。

●消除外在與內在的干擾

外在和內在的干擾，是妨礙傾聽的主要因素。必須把注意力完全放在對方的身上，才能掌握對方的肢體語言，明白對方說了什麼、沒說什麼，以及對方的話所代表的感覺與意義。譬如上面故事中所講的，喬・吉拉德正因為受到了外界的干擾，從而沒有專心傾聽客戶的傾訴。

●鼓勵陌生人先開口

鼓勵陌生人先開口，可以降低談話中的競爭意味。我們的傾聽可以培養開放的氣氛，有助於彼此交換意見。對方先提出他的看法，你就有機會在表達自己的意見之前，掌握雙方意見一致之處。傾聽可以使對方更加願意接納你的意見，使你更容易說服對方。

●觀察並使用肢體語言

當我們在和陌生人談話的時候，即使我們還沒開口，我們內心的感覺，就已經通過肢體語言清清楚楚的表現出來了。

肢體語言有各種各樣的表現，諸如鼓掌表示歡迎，搓手表示焦急，垂頭代表沮喪，攤手表示無奈，捶胸代表痛苦。當陌生人在我們面前做出這些動作時，我們便可由之辨識出他們的心境，採取適當的方法和態度去面對。

●不要打斷他人的談話

在生活中，我經常遇到這樣的場景，有些人在別人說話的時候，認為自己在這個方面懂得多，就不顧對方的感受任意打斷對方的話，進而發表自己的觀點，這樣的行為是相當不尊重別人的。所以應該儘量在別人把話說完之後再說話，不要隨便打斷或插入對方的話，打斷對方思路，會引起其反感。經常打斷別人說話就表示我們不善於聽人說話，個性激進、禮貌不周，很難和人溝通。

在與陌生人談話時，如果你不贊成對方的觀點，也應該以婉轉的態度表示你的疑問，比如「對不起，打斷一下，我覺得你說的觀點有錯誤」。

即使要指出對方的缺點，也要用委婉的口氣去說：「我記得好像不是這樣的……」對方就能明白你的疑問。

●與陌生人交流，要學會互動

對陌生人說的話，給予回應，可以表明我們在認真傾聽他的傾訴，讓對方覺得與我們談話是件愉快的事情。這是一種很重要的溝通技巧但是回應不是像鸚鵡一樣，對方說什麼你就說什麼，而是應該用自己的理解，簡要地述說對方的關鍵字。比如說：

「你說你住的房子在海邊？我想那裡的夕陽一定很美。」

所謂的關鍵字，指的是描繪具體事實的字眼，這些字眼透露出某些資訊，同時也顯示出陌生人的興趣和情緒。通過這些詞語，我們可以看出陌生人喜歡的話題，以及他對人的信任。我們只要在自己提出來的問題或感想中，加入對方所說過的關鍵內容，對方就可以感覺到你對他所說的話很感興趣或者很關心。

傾聽的時候要注意表情的變化，要與對方的神情和語言相一致，比如當對方說的話很幽默時，你的笑容就是與對方談話的最好互動方式。

●讀懂陌生人的各種暗示

與陌生人打交道，言談舉止之間和與熟人打交道有著很大的區別。特定的關係，讓彼此之間都無法很快地打破防備的心理界限，從而不能很好地敞開心扉來進行交流，傳達彼此的資訊。但是，兩者之間的交流也不能因為彼此無法打破的心理界限而終止，這個時候，雙方都會選擇採用暗示的方法來透露自己的一些資訊，以此來在對方身上尋找話題的焦點。

這個時候，你能否成為陌生人心中的「知音」，就要看你能否破解那些設有「密碼」的交際符號了。

比如某個週末的早晨你在某個公園裡碰到一位正在晨練的陌生人，初步瞭解，這

人是物業管理部門的，是某某剛建起來的社區的負責人，而這個時候的你，正好在為某家裝飾公司拉業務。你知道這對你來說，不失為一次很好的機會。於是你主動和這位陌生人閒聊，然後你們的談話竟然如此投機，陌生人很樂意地將這個週末的大半個早晨留給了你。你們從早上八點開始閒聊，一直聊到十點鐘。這個時候太陽逐漸熱起來，於是陌生人抬著頭看了一眼蔚藍的天空，說了一句：「這鬼天氣真熱！」一個暗示就這樣產生了，他想要你表達的真正意思是：我們不妨找個地方吃點飯，或者找個茶樓喝喝茶？

當然，如果你讀懂了他的暗示，破解了這個所謂的「交際密碼」，那麼，你便成功的抓住了這次機會，將陌生人變成了朋友。

●認真思考，整理出重點，並提出結論

當我們和陌生人談話的時候，我們通常都會用幾秒鐘的時間，思考對方的話，整理出其中的重點所在。我們必須刪去無關緊要的內容，把注意力集中在對方想說的重點和對方主要的想法上，並且在心中熟記這些重點和想法。

掌握談話的重點，可以幫助我們繼續提出問題。如果我們能指出對方有些話只說到一半或者話語不詳，說話的人就知道，我們一直都在聽他講話，而且我們也很努力地想完全瞭解他的話。如果我們不太確定對方比較重視哪些重點或想法，就可以利用

詢問的方式，來讓他知道我們對談話的內容有所注意。

●接受陌生人的觀點

如果我們無法接受陌生人的觀點，那我們可能會錯過很多機會，而且無法和對方建立融洽的關係。

尊重陌生人的觀點，可以讓對方瞭解我們一直在聽，而且我們也聽懂了他所說的話，雖然我們不一定同意他的觀點，我們還是很尊重他的想法。若是我們一直無法接受對方的觀點，我們就很難和對方彼此接納，建立融洽的關係。

傾聽不是一個被動的行為。一個真正的聽衆，能激起傾訴者的情緒、思維，以及對方的想像力。因為傾聽不僅是一個用耳朵去聽的過程，而且要在傾聽時，用自己的身體語言、簡單的話語，給對方以鼓勵。因此，傾聽前，學會把自己假想成傾訴者，站在他人立場上，想想自己在對別人傾訴的時候，希望別人怎樣對待自己，這一點很重要。

第四章

與陌生人溝通，要因人而異

毋庸置疑，無論是在生活還是工作的各種交往中，
每個人都難免會置身於某種特定的陌生場景，面臨某些特殊的陌生人。
在什麼山，就唱什麼歌，在不同的陌生場景下，
說話和表達的形式和方式顯然是因人而異、因地而異的。

溝通如炒菜，看人下菜是原則

世上沒有完全相同的兩片樹葉，人也如此，千人千面且不說，人心的複雜性更是難以捉摸。所以，一成不變的交流方法是無法應對性格迴異的陌生人的。與陌生人的交流應該猶如炒菜，加減作料，完全視每個人的口味來調整，但是菜的性質並沒有改變。以下就是針對不同性格的陌生人，所要採取不同的溝通技巧。

沉默寡言、優柔寡斷的陌生人

這種陌生人的特點是：出言謹慎，一問三不知，反應冷漠，外表嚴肅；老成持重、穩健不迫，對你的話雖然認真傾聽，但不輕易說出自己的想法；你說什麼，他都點頭說好，甚至會加以附和；遇事沒有主見，往往消極被動，難以做出決定。

面對這種陌生人，首先，你就要牢牢掌握主動權，充滿自信地運用說話技巧，多運用肯定性用語，多站在對方的立場來表達自己的觀點，提出積極地建議。

其次，不要強迫他說話，應該順著他的性格，輕聲說話，並且提一些容易回答的問題來問他。總之，一定要讓他認為你所說、所做的一切都是為了他。

最後，你應該避免講得太多，儘量給對方講話的機會和體驗的時間，要表現出誠實和穩重，特別注意談話的態度、方式和表情，爭取使他對你有良好的第一印象。好好把握與這種人的關係，因為沉默寡言的陌生人往往會成為你最忠實的朋友。

性子慢、溫和有禮的陌生人

能遇到這種類型的陌生人，實在是幸運。他拘謹而有禮貌，他不會對你有偏見，而且還對你充滿敬意。

這種人往往對你自始至終都保持著微笑，談吐文雅、落落大方。他們不會算計著怎樣從你身上得到好處，並善於理解別人，總是把自己放在傾聽者的位置上，給他人身心愉悅的感覺。

對待這種人，你一定要在充滿自信心的同時保持謙虛，不要覺得別人氣質高雅就自慚形穢，不敢多言；也不要認為別人沒什麼大不了，就想用自己的才能或者其他方面的優點去故意貶低別人。俗話說，你敬我一尺，我敬你一丈。

在與這類陌生人交談時，切忌誇誇其談，總是以自我為中心。說話的時候，儘量保持平靜的心態，心懷熱情，不可憤世嫉俗，提這罵那，以免壞了他人的心境。

生性多疑的陌生人

這種性格的陌生人，對你所說的話，皆持懷疑態度。交談時表面上看上去有些冷漠，什麼事情總喜歡反問一聲：「哦！是嗎？」

對於這種類型的陌生人，你應該以親切的態度與他交談，千萬不要和他爭辯。他懷疑的事情你無須多做解釋，保持你的微笑的同時儘量避免在心理上向他施加壓力。

進行交流時，態度要平和，言辭要懇切，而且要觀察出他心裡的矛盾所在之處，儘量去避免存在矛盾的問題，以免雙方發生爭執，不歡而散。當他對你所說的話提出質疑時，你可以適當的去迎合他的思想，比如你可以這樣說：「您的問題真是切中要害，我也有過這種想法，不過要很好地解決這個問題，我們還得多多交換意見。」

誇誇其談、先入為主的陌生人

這類人喜歡以自我為中心，喜歡誇誇其談，喜歡在別人面前誇富，吹牛，如「我擁有很多事業」，「我和許多政要有交往」，同時還會在手上戴上挺大的一個金戒指……以示自己的身價不凡。他們說話喜歡先入為主，好像只會說帶有敵意的話，似乎他生活的樂趣就是挖苦他人、貶低他人、否定他人。

對於我們來說，這種陌生人無疑是最令人頭疼的對手。這種人往往是由於難以證明自己，所以希望得到肯定的願望尤其強烈。對這種人還是可以對症下藥的，關鍵是自己在這種人面前不能卑下，必須在肯定自己高貴尊嚴的基礎上給予其適當的肯定。

這種類型的陌生人，既然愛炫耀，你就成全他，恭維他，表示想跟他交朋友。這種侃侃而談者往往有與其他人建立有意義關係的能力。

在對待他們的時候，可遵循這樣的模式：觸動——向他們說明如何有利於他們的關係和加強他們的地位；讚揚——讚揚別人對他們的看法，以及他們與人相處融洽的能力；諮詢——用充分的時間瞭解他們的感情，可通過提問和傾聽的技巧把他們的話引出來。例如：「我聽你的意思是這樣講的……你是這個意思嗎？」

務必為他們創造一個不令人感到威脅的環境。

擅長交際的陌生人

擅長交際的陌生人，其長處在於熱情及幽默。他們很容易適應一個變化的局面，不管話題是什麼，總有話可講，而且常以令人感興趣的方式把話講出來。其弱點是優點的延伸，有時表現過甚，被視為矯揉造作或裝腔作勢，不注意細節，對任何單調的事情或必須單獨做的事情容易感到厭煩。

在同他們交流的時候，說話要生動並表達出對他們的關心，讓他們有時間講話，坦率地提出新話題，研究他們的目標與需要，用與他們目標有關的經歷或例證來提出你的解決辦法。

擅長交際的陌生人，往往是能夠冷靜思考的人。

在你介紹自己時，他們雖然並不專心，但他們仍然會認真地分析你的為人，想知道你是不是很真誠。一般來說，他們大多具有相當的學識。和他們打交道，最好的辦法是你必須注意傾聽他們說的每一句話，而且銘記在心，然後從他們的言辭中推斷其想法。

此外，你必須有禮貌地和他們交談，謙和而有分寸，別顯得急不可待的樣子。你還可以和他們聊一聊自己的背景，讓他們更瞭解你，以便解除他們的戒備之心。

內向含蓄的陌生人

這種陌生人給你的印象好像有點神經質，很怕與人接觸。他深知自己容易被說服，因此你一旦出現在他面前，他便顯得困擾不已，坐立不安，心中嘀咕：「他會不會問我一些尷尬的事呢？」

對待這種類型的人，你必須謹慎而穩重，細心地觀察他，坦率地讚揚他的優點，與他建立值得信賴的友誼。

在交談中，你只能稍微提一下有關他工作上的事，其他私事一概不提，你可以談談自己的私事，來讓他放鬆下來。此外，尋找彼此的相似點，也是一個很好的辦法。不妨向他透露你想與他交朋友的心意，他在感動之餘，自然就容易與你相處了。

溝通APP

正所謂：與僧人論佛，與道士談仙，與商人言利，與文人話儒，與朋友聊義，與愛人表情……其實歸根到底就是溝通需要因人而異。

輕鬆化解與陌生人溝通中的尷尬

很多人都有這樣的體驗，在與陌生人交往的時候，在心裡對自己說的最多的一句話，就是：「我該怎樣打破僵局，交到朋友？」而獨處的時候，有時又會突然想到：「哎呀，我當時怎麼說了那麼破壞氣氛的話。」

世上沒有後悔藥，我們只能悔恨地提醒自己，下次不可以再犯。但是這樣，又經常弄得自己很緊張，甚至懼怕與陌生人約會。

怎樣避免這種尷尬呢？現在我教你幾招「巧言秘笈」，能讓你以後在與陌生人溝通時，輕而易舉地跨過你們之間的障礙，做個善於溝通的高手。

避免尷尬的溝通策略

與陌生人開口交談是人際交往中最重要的步驟之一。處理好這一步可以使人結識很多對自己人生大有幫助的朋友，處理不好則會引發令人哭笑不得的尷尬，同時也會失去一些合作的機會。以下是避免尷尬的一些溝通策略。

●靈活轉換話題

與你剛認識的人在一起談話或與人談論你不認識的人，最好的辦法是從一個話題到另一個話題地試著說，如果某個題目不行，再試下一個。或者輪到你講話時，可講述你曾經做過的事情或想過的事情，修整花園、計畫旅行或其他我們已經談過的話題。這樣做可以避免雙方突然間找不到話說，彼此沉默的尷尬場景。

●交談時的眼神

在你和陌生人交談時，要注視他，這樣對方才會明白你沒有分散注意力。在別人講話時，千萬不要環顧整個房間，即使你在聽，也不要表現出對周圍發生的事很厭煩和很感興趣。

如果你的聽眾這樣做，你可以停下來與他一起注視，似乎你對他發現的事也很好奇。如果他問你在幹什麼，你可以說：「哦！我在看你發現了什麼。」然後繼續談話，不笨的人都會明白這是你對他的暗示。

●何時閉上你的嘴

不要因為你在與陌生人談話的途中發言過少而感到遺憾，「膠多不黏，話多不甜。」話多了未必是件好事。聰明的人多數都講究大智若愚，有的時候表面上裝得傻一點，與陌生人交往反而會更加順利。

說話隨便的人容易說得太多，有時造成不謹慎；有豐富想像力的人總是在言談中讓人產生不可靠的印象；總是保持沉默的人常在親密的人中話說得很好，但他不會給聚會增添吸引力；社交中最具人格魅力的是談吐得當的人，這類人有時說話也不多，但他所說的每一句話，都能直抵對方心靈深處，給人以深刻的印象。

在談話中，中間的路總是最好的，正如很多事情一樣。要知道什麼時候該聽別人講話，也要知道什麼時候該輪到自己講話了。儘管你心裡面有個精彩的故事想要與大家一同分享，在別人談話的時候，你也要儘量閉上你的嘴巴。

●三思而後說

幾乎所有在談話中出現的失誤或錯誤都是由於沒有認真考慮或缺乏考慮造成的。例如，一個電腦程式員與一個文學教授共進晚餐，電腦程式員只講技術程式設計語言而不講其他的東西，那麼這將是一次十分缺乏考慮的談話。因為即便是在工作會議上，多數員工也都不願意聽上級領導關於某個工作點反反覆覆的談話。

多數情況下沒有人提醒我們說話時欠考慮，只要注意一下對方的反應就可以發現我們的不足。

說話之前三思是我們自己的事。「我」字在日常溝通可能是最常聽到的，但是在

與陌生人的溝通中，儘量減少它的用量。

巧言應對陌生人的尷尬問題

運用以上溝通策略，你可以規避溝通中的許多尷尬，但這並不意味著尷尬就不會出現。因為溝通是雙方的，你可以做到，但不是每個人都能做到，很多的陌生人可能會有意無意地提出一些不合時宜的問題，讓你處於尷尬的境地，那麼，你將如何應對呢？

●如何回答私人問題

關於錢的詢問通常是不合適的，面對這樣的問題，你不能說：「不關你的事。」但可以說：「如果您不介意的話，我不說這件事。關於生活的費用，太讓人提不起情緒……」然後改變話題。

另一個類似於窺探的問題是：「你是幹什麼的？」當陌生人向我們問起這個問題的時候，你可以回答一個大體的方向，這樣答等於不答，同時也給足了對方的面子。比如你是個作家，別人問你是幹什麼的，你說在做文化產業。一般情況下，陌生人會就此打住，儘管他不知道文化產業具體是做什麼的，也會裝作很清楚的樣子，然後點頭，說：「嗯！不錯！不錯！這是個很好的行業！」

再一個是別人的年齡。出於種種原因，許多人不喜歡別人問自己的年齡。但是我們也要考慮到，談話途中，有時兩個人談得很投緣，也會不小心向對方提出這個問題。這個時候你如何回答呢？別人問你多少歲了，可是你又不願意說出你的真實年齡。這個時候，就需要用巧言來解決了。

當陌生人這樣問我們的時候，我們不妨也來個模棱兩可的回答。如果你現在是三十五歲，你乾脆就回答：「哎！不年輕了，都是七〇後的人了。」這樣，別人也就只能知道你大約的年齡階段。其實，一個年代的差距就是十年，別人又怎麼知道你到底有多大呢？如此一來，有所問，有所答，尷尬也化解了。

●面對吹捧者

優秀的交談者不會沒完沒了地吹捧別人的工作做得多麼好或他的兒子多麼出色。但是假如有一天，你就遇到這麼一位陌生人，不斷地沉浸在對你的吹捧中時，你會怎麼辦呢？當然，面對這樣的場景，最好的辦法就是以靜制動，積極地配合對方，做一個傾聽者，時不時謙虛地自我批評：「哪裡！哪裡！其實我這個人毛病很多！」

如果你還有其他重要的話想要和這個人交談，那麼你就要採取一些方法去轉換話題了，你可以抓住陌生人口中一句相關的話，恰好轉移到你想要與他交談的話題上。

●面對侮辱

如果在你面前有人詆毀一個團體、個人或一個國家，你該怎麼說呢？

誠懇地告訴他，你對這些方面不瞭解，然後走開。或者你可以說：「我們不談這個話題了。」然後開始另一個話題。

每次加入一個道德、種族或其他詆毀個人的談話時，不管那些評論是真正詆毀還是開玩笑，你都不要與他們較真，權當閒談，根本沒必要為那些不登大雅之堂的談話和別人動肝火。

●突如其來的不速之客

在這個名片滿天飛的時代，某天突然接到一個陌生卻自稱是你朋友的電話，或是在派對上有人朝你親熱地招呼，是再正常不過了。

碰到這樣的情況，該怎樣面對呢？尤其在社交場合上，不要冒昧地直接反問對方的名字，最好一邊接受對方的熱情，一邊努力回憶與其有關的細節。想起來了，皆大歡喜，想不起來，過三分鐘藉故走開，向其他人打聽清楚，然後再找到他，不露痕跡地重新挑起話題。

任何朋友都是從陌生到熟悉，從疏遠到親密，如果對方確實對你有好感，願意與你交朋友，何樂而不為呢？積極配合就是，哪怕學英國人從天氣聊起也行。

你確實記得此人，也確實記得你們認識時的場景，可除此之外，你對他一無所知。沒有關係，可以從當初認識的其他人入手，問問他們的近況，無形中距離自然拉近，更可以獲得其他朋友的資訊，一舉兩得。

對於實在不喜歡的懷著某種目的「陌生人」朋友找上門來的敘舊，沒必要板著一張冷淡的面孔。可以一直微笑以對，答以「嗯」、「是嗎」、「我不清楚」之類最簡單的語句，不出幾分鐘，對方自然會識趣而退。

溝通APP

無論是熟人，還是陌生人之間的交往，出現尷尬的情況都是很正常的。我們不能因為害怕尷尬，而因噎廢食不再敢接近陌生人。所以，不論到何處，以愉快的心情、甜美的微笑去面對別人，誠懇地與陌生人交流，久而久之，你將發現自己的生活充滿樂趣，和陌生人之間的隔閡也將很容易消除。

與客戶「第一次親密接觸」的七個步驟

銷售界有一項這樣的標準：評定行銷人員成敗的關鍵是看其每個月開發多少個有效新客戶，銷售業績得到了多少提升。這樣的標準自然也被廣大行銷人員接受。作為行銷人員，「不拿業績說話」好像就證明不了自己的價值，而提升業績只有靠不斷地開發新的有效客戶。

由此可見，如何掌控好與客戶「第一次親密接觸」的溝通機會，是最為關鍵的。以下是行銷人員與客戶初次見面必須把握的七個步驟。

第一步　做足生意前的功課

機會只垂青準備充足的人，與客戶第一次面對面的溝通，是合作的一個關鍵步驟。只有在充分的準備下，拜訪客戶才能取得成功。那麼，在與客戶第一次親密接觸之前，要做好哪些準備呢？

●專業形象的準備

第一次上門拜訪新客戶，心中難免會相互存在一點戒心，不容易放鬆心情，因此行銷人員要特別重視留給別人的第一印象，良好的專業形象可以在成功之路上助你一臂之力。

這就要求我們通過拜訪前的準備，務必達到一定的專業要求。在服裝、儀容、言談舉止乃至表情動作上都力求自然；在控制情緒上，要學會遙控自己的情緒；在投緣關係上，能夠清除顧客心理障礙，建立投緣關係就建立了一座可以和顧客溝通的橋樑；在態度上要誠懇、實在；然後，就是具備自信，信心來自於心理，只有做到「相信公司、相信產品、相信自己」才可以樹立強大的自信心理。

●計畫準備

計畫目的：由於銷售模式是具有連續性的，所以上門拜訪的目的是推銷自己和企業文化，而不是產品。

計畫任務：行銷人員的首先任務就是把自己「陌生之客」的立場短時間轉化成「親朋好友」的立場。腦海中要清楚與顧客電話溝通時情形，對顧客性格做出初步分析，選好溝通切入點，計畫推銷產品的數量，最好打電話、送函、溝通一條龍服務。

計畫路線：今天的客戶拜訪是昨天客戶拜訪的延續，又是明天客戶拜訪的起點。

銷售人員要做好路線規則，統一安排好工作，合理利用時間，提高拜訪效率。

計畫開場白：如何進門是我們遇到的最大難題，好的開始是成功的一半。

●外部準備

儀表準備：「人不可貌相」是用來告誡人的話，而「第一印象的好壞百分之九十取決於儀表」，上門拜訪要想成功，就要選擇與個性相適應的服裝，以體現專業形象。通過良好的個人形象向客戶展示品牌形象和企業形象。最好是穿公司統一的服裝，讓客戶覺得公司很正規企業文化良好。

資料準備：「知己知彼百戰不殆！」行銷人員不僅僅要獲得潛在客戶的基本情況，例如，對方的性格、教育背景、興趣愛好、社交範圍、習慣嗜好以及和他要好的朋友的姓名等，還要瞭解對方目前得意或苦惱的事情，如喬遷新居、結婚、喜得貴子、子女考上大學，或者工作緊張、經濟緊張、充滿壓力、失眠、身體欠佳等。總之，瞭解得越多，就越容易確定一種最佳的方式來與客戶溝通。

工具準備：「工欲善其事，必先利其器。」行銷人員除了具備鍥而不捨精神外，一套完整的銷售工具是絕對不可缺少的戰鬥武器。

調查表明，銷售人員在拜訪客戶時，利用銷售工具，可以降低百分之五十的勞動成本，提高百分之十的成功率。銷售工具包括產品說明書、企業宣傳資料、名片、計算器、筆記本、鋼筆、價格表、宣傳品等。

時間準備：如提前與客戶預約好時間，應提前五到七分鐘到達，到得過早會給客戶增加一定的壓力，到得過晚會給客戶傳達「我不尊重你」的資訊，同時也會讓客戶產生不信任感。

●內部準備

信心準備：事實證明，行銷人員的心理素質是決定成功與否的重要原因。用成功學的知識，每天出門拜訪客戶前，面對著鏡子裡的自己，高呼幾聲：「我是最好的，我是最棒的，我是最優秀的，我一定能成功，我一定會成功。」這樣有助於提高行銷人員的自信心。

知識準備：在與客戶見面之前，應對自己所要向客戶推銷的產品足夠瞭解，無論是產品的性能，還是產品的產地、品質安全以及環保指數等，不要等到和客戶見面交談時，你一問三不知。

我曾經就在市場上碰到過一位給某知名水管做推銷的女孩。有幾位剛買房的業主見女孩很可愛，就有意想向她瞭解一下她的產品。

當那些客戶向她問起她的水管怎麼賣，是按根還是按米，多少錢一米或者多少錢一根的時候，女孩難住了，她說：「這個我不知道，您到我們店裡去問一下我們老闆。」說完發了一張宣傳單給那些客戶。

結果，自然是那些客戶拿著宣傳單離開了，然後走到不遠處便隨手將宣傳單丟進了垃圾桶裡。所以，在與客戶見面之前，專業知識的準備必不可少。

拒絕準備：行銷人員被客戶拒之門外的事時有發生，產生這一現象的原因是多方面的。總體而言是因為行銷人員的死纏爛打，缺乏基本的行銷素質，讓客戶感到十分不舒服，覺得打擾了他們的正常生活，因此才對所有的行銷人員心懷厭恨。

生活中，當我們碰到這一類似情況時，提前做好充分的心理準備是很有必要的，首先腦海裡要有自己有可能被拒絕這麼一個概念，才不至於當拒絕發生時，我們會無法接受，感覺自己很無辜、很委屈、很痛苦。

一般而言，拒絕準備只針對那些剛入銷售行業不久的行銷人員而言，有經驗的行銷人員對此一般都已習以為常，不需要特別的去重視。

微笑準備：管理方面講究人性化管理，如果你希望別人怎樣對待你，你首先就要怎樣對待別人。有人說，生活就是一面鏡子，你對它哭，它就對你哭，你對它笑，它就對你笑。事實也正如此，新的一天，懷著美好心情，臉上帶著幸福的微笑走出家門，去迎接即將走進你生命中的人，首先你就已經用一顆積極的心感染了你的客戶。

許多人總是羨慕那些成功者，認為他們總是太幸運，而自己總是很不幸。仔細分析，是因為那些成功者，他們都懂得對生活微笑，並且用微笑去接納每一個與他們交往、合作的陌生人。

第二步　帶著真誠和好形象進門

主動、熱情、親切的話語是順利打開顧客家門的金鑰匙。需要注意的是，進門之前一定要讓對方感受到自己的誠實大方，同時避免傲慢、慌亂、卑屈、冷漠、隨便等不良態度；嚴謹的生活作風能代表公司與個人的整體水準，千萬不要讓換鞋、雨傘等小細節影響大事情。

第三步　用好「讚美」與「觀察」兩種殺手鐧

要與初次見面的客戶建立良好關係，讚美和觀察是兩種行之有效的利器。人人都喜歡聽好話被奉承，善用讚美是最好的銷售武器。

讚美可以是直接讚美，譬如，大叔您看上去真年輕；可以是間接讚美，譬如，大叔，牆上那照片是您兒子吧，看上去真英俊，一定是個知識份子，相信大叔一定是個教育有方的好爸爸；也可以是深層讚美，譬如，大叔，您看上去真和藹，像我爸爸一樣善良、溫和。

讚美的主旨是真誠，讚美的大敵是虛假、誇張。虛假、誇張的讚美只能給人留下不好的印象。如：「叔叔您真帥，就像周杰倫一樣。」

讚美要做到實在，有根有據，就必須建立在對客戶有一定瞭解的基礎上。但是實際上，你與客戶的接觸是短暫的，因此，只能通過現場的觀察，速度作出判斷。譬如，如果這位客戶家裝飾精美，房屋面積很大，家裡很乾淨，還有一個保姆，你就可以確定這位客戶是一個有錢的人，你就可以讚美其有身分和品位。

如果這位客戶家裝飾普通，房屋又小，地面又不乾淨，幾個子女與其住在一起，說明這位客戶並不是一個有錢人，你就可以對其環境避之，而言其他。

對一個客戶是否具備購買能力，可以從六個方面進行判斷：門前的清潔程度、進門處鞋子擺放情況、傢俱擺放及裝修狀況、家庭成員及氣氛明朗程度、寵物、花、鳥、書畫的種類、屋中雜物擺放的方式等。

第四步　問對問題好做文章

凡是優秀的銷售人員都擁有好口才，但「客戶不開口，神仙難下手」。我們的目的是讓客戶來主動和我們進行有效溝通，因此有效的提問就尤為重要。

提問的目的，就是通過我們的溝通瞭解客戶是不是我們所要尋找的目標客戶。所以，掌握談話目的，熟悉自己談話內容，交涉時才有信心。

下面是尋找話題的幾種技巧。

・從儀表、服裝方面切入。譬如，你問一位阿姨：「阿姨這件衣服料子真好，您是在哪裡買的？」客戶回答：「在百貨公司買的」。這時候，你就要立刻有反應，客戶在這個地方買衣服，其經濟情況可能不錯。

・從鄉土、老家方面切入。譬如說：「聽您口音是湖北人吧！我也是……」你可以不斷以這種提問拉近與客戶的距離。

・從氣候、季節方面切入。譬如說：「這幾天熱得出奇，去年……」

・從家庭、子女方面切入。譬如說：「我聽說您女兒是……」這可以瞭解顧客家庭關係是否良好。

・從飲食、習慣方面切入。譬如說：「我發現一家口味不錯的餐廳，下次咱們一起嘗一嘗。」

・從住宅、擺設、鄰居方面切入。譬如說：「我覺得這裡佈置得特別有品味，您是設計師嗎？」瞭解客戶以前的工作性質並能確定是不是目標客戶。

・從興趣、愛好方面切入。譬如說：「您的歌唱得這樣好，真想和您學一學。」

我們可以用這種提問技巧推銷公司的企業文化，加深客戶對企業的信任。「我們公司最近正在辦老年大學，其中有唱歌這門課，不知阿姨有沒有興趣參加呢？」

找到了切入的話題，然後就是掌握提問的技巧了。下面是家訪提問的方法：先向對方表示親密，尊敬對方；盡可能站在對方的立場來提問，談話時注意對方的眼睛；特定性問題可以展現你專業身分，由小及大，由易及難多問一些引導性問題；問二選一的問題，說明猶豫的客戶決定；先提問對方已知的問題提高職業價值，再引導性提問對方未知的問題。

第五步　少說多聽，適當引導客戶

上天賦予我們一張嘴巴、兩隻眼睛和兩隻耳朵，就是告訴我們要想成功就要少說話、多聽、多看。

• 仔細地傾聽能夠進一步瞭解客戶的基本情況以及消費心理、需求，可以找出分歧的原因。以聊天的方式，尋求與客戶的共鳴點，讓客戶感到你與他是同類型人，增進好感，以產生一見如故的效果。

• 對遲疑的新客戶，不可過分地強調產品的功能，而應該從客戶的需求作為攻克重點。

• 對一些仍未下決心的客戶，千萬不可勉強，這說明火候未到，可以先冷卻一會，然後溝通或當做一般客戶回訪以便下次再邀請。

第六步　化異議為成交的契機

首先要克服自己心理上的異議，瞭解心理上異議存在的根源所在。異議是正常的現象，異議往往是推銷的突破口，處理好了異議，才有可能最終成交。因此，行銷人員需要化異議為動力，應該明白客戶的拒絕是應該的反應，並不是不接受產品和服務，而是短暫的猶豫。

下面是幾種處理異議的策略：

- **不要讓客戶說出異議**：善於利用客戶的感情，控制交談氣氛，不要讓其拒絕說出口。
- **轉換話題**：遇到異議時，避免一味窮追不捨以至於讓客戶產生厭煩，可用轉換話題方式緩解緊張空氣。
- **運用適當肢體語言**：不經意碰觸客戶也會吸引其注意，同時也會起到催眠的作用，可以很好地克服異議。
- **逐一擊破**：客戶為兩人以上團體時，你可以用各個擊破的方法來克服異議。
- **同一立場**：和客戶站在同一立場上，千萬不可以和客戶辯駁，否則你無論輸贏，都會使交易失敗。

・樹立專家形象：學生對教師很少有質疑，病人對醫生很少有質疑，客戶是不會拒絕專家的。

第七步　處理好臨門一腳

為什麼銷售同樣產品的人，業績卻有天壤之別？為什麼排名前二十名的行銷人員總能完成百分之八十的銷售額？答案很簡單：他們靈活運用成交技巧，但達成是最終目標，卻不是最後的步驟。

成交的技巧在產品的銷售中起著舉足輕重的作用。我們有時可以通過舉止、言談來分析客戶的成交信號，抓住這些信號從而抓住成交的契機。成交達成方式主要有以下幾種：

・邀請式成交：「您為什麼不試試呢？」

・選擇式成交：「您看是訂一萬還是兩萬？」

・二級式成交：「您感覺這種活動是不是很有意思？」「那您就和老伴一起來吧！」

・預測式成交：「阿姨肯定和您的感覺一樣！」

・授權式成交：「好！我現在就給您填上兩個名字！」

・緊逼式成交：「您的糖尿病都這樣嚴重了，還不去會場諮詢！」

套用前面的一句話，所有老客戶都是從陌生客戶開始的，也就是說與任何人建立業務關係都有第一次的親密接觸，這是行銷人員擴大「庫存」的必由之路。掌握這點，可以快速提升自己的業務技巧，更能有效磨煉自己的銷售心態，尤其是強化處理客戶拒絕問題的能力。

結交大人物，提升個人影響力

你希望認識大人物嗎？如果你想把自己的事業做大，如果你想掙更多的錢，如果你想讓自己的交際圈子更廣，毫無疑問，你需要大人物的影響力。

然而，大人物對你而言，通常只是陌生人，也就是說你認識他，他卻不認識你。大人物不是那麼容易見的，大人物的時間是非常寶貴的，他們不是非要見你不可。因此，要結識大人物，就必須要找到合適和有效的途徑。

到底誰是大人物

何謂「大人物」，在《現代漢語詞典》中，對「大人物」的注解是「有地位有名望的人」。「大人物」之所以「大」，是因為其地位高、名氣大、影響深。

大人物的說法，是相對而言的，它會根據不同的區域和時代，有不同的標準。在現代社會，通常是指那些政府高官、大公司總裁、資深的文化名人（譬如暢銷書作家、知名節目主持人、著名導演、影視明星、歌星）、事業成功人士（譬如說高級經理人、律師、醫生）等。總而言之，大人物就是在某個領域內有著較大影響力的人。

成功地接觸到大人物

如果要想結交大人物，要做的第一件事是，必須要知道怎樣接觸到他們。

要接觸到大人物，真的是非常困難的。不然所有的人都會有很多大人物朋友，成功的人也就不是少數人了。不過，不管接觸他們的困難程度有多高，都還不能跟結識他們的好處相提並論。

為什麼接觸到他們有這麼困難呢？這其中有雙重原因：一個是認知上的困難，另一個是實際上的困難。

第一，在認知的困難方面。有許多人的腦子裡都存有一個觀念，就是認為自己一定不可能得到大人物的青睞。他們覺得本身沒有足夠的知識和技巧，因此也沒有勇氣去試著敲開這扇通往成功的大門。有一個道理是很顯然的，當我們要去拜訪非常成功的人時，一定要把自己也當作同樣成功的人，而且覺得自己很配得上跟他們結識。沒有這種自信，你要想結識他們，只是癡心妄想。

第二，在實際的困難方面。通常大人物都是找同樣級別的人交往，也就是說，他們若有需要，都是傾向於找同類的人來解決。

絕大多數的大人物都專業、聰明，而且一般都受過很好的教育，因此，對於別人的能力，應該也有相當的判斷力。所以，就像打棒球一樣，想要打進大聯盟，本身一定要夠實力。

面對大人物，你一定要有備而來，讓人家知道你是值得結交的人才行。首先要堅定一個信念，自己跟大人物唯一的差別，就是大人物已經達到了事業的巔峰，而自己正在邁向成功的路上。如果有這樣的堅定信念，相信你不僅能成功地融入大人物的圈子裡，而且總有一天，你也會成為他們中的一員。

如果你真的很希望能接觸到這些大人物的話，應該常到大人物聚集的地方坐坐。

- 商展會場：這是一個經常被人遺漏的重要場所。
- 專業的大會或年會：進入這群人的世界，並且結識他們。
- 參加座談會、演講會：學習他們的經驗或專業知識。
- 參加社會人士教育進修課程：各個領域的專業人士，懂得終身學習的重要性。

要接觸到這些大人物，首先自己還要不斷地發展自己的影響力，因為這些大人物都喜歡和同樣的成功人士打交道。

通過大人物的重要朋友的推薦，是很有效的一種方法。另外，可以從大人物的朋友那裡，側面瞭解大人物的資訊，找到絕佳的接觸他們的機會。在想辦法接觸大人物時，除了可以直接去接觸他們，還可以通過他們的專業顧問（會計師、律師、企業顧問）與之建立聯繫。

利用「六度分隔」讓你找到大人物

你可能非常想獲得某份工作，但是，要想得到這個工作機會，你就必須找到與招聘經理進行直接對話的途徑。他直接掌握著你到底是不是這份工作的合適人選的最終決定權。這個時候你覺得獲得這份工作的機會十分渺茫，對你來說，這裡的每一張面孔都是陌生的，心裡就不免會有種被孤立起來的感覺。

但你不必失望，不必認為自己與這裡的每一個人都沒有任何關係。要知道，這位招聘經理與你的距離可能要比你想像的近得多，你完全有機會獲得這份你夢寐以求的工作。因為接下來，我要告訴你一個非常有趣的理論：六度分隔理論。它可以讓你感到無限驚喜，幫你在人生的道路上創造奇蹟。

「六度分隔」理論指出：任何人都在一定程度上與任意某人有某種聯繫。美國的心理學家Stanley Milgram指出：最多通過六個人你就能夠認識任何一個你想認識的陌生人。

記得幾年前一家德國報紙接受了一項挑戰，要幫法蘭克福的一位土耳其烤肉店老闆，找到他和他最喜歡的影星馬龍・白蘭度的關聯。結果經過幾個月，報社的員工發現，這兩個人只經過不超過六個人的私交，就建立了人脈關係。原來烤肉店老闆是土耳其移民，有個朋友住在加州，剛好這個朋友的同事，是電影《這個男人有點色》的製作人的女兒在女生聯誼會的結拜姐妹的男朋友，而馬龍・白蘭度主演了這部片子。

看了上面這個例子，我想你應該知道為什麼我會說，你和那位負責招聘的經理之間，其實距離並不是你想像中的那麼遠了。

從上面的案例分析，「六度分隔」理論對現在正在尋求機會的求職者有著重要的意義，但是，如何通過這種途徑來獲得幫助，你就必須先明確你的目標，下面兩個基本的步驟需要引起足夠重視：

第一步，先對自己理想的工作單位有充分的瞭解，包括單位結構模式、服務專案、服務領域以及單位的主要客戶群體等，以便你利用「六度分隔」理論去尋找下一個目標。

第二步，開始動用自己的關係網絡，包括你工作上和生活中所結交的朋友。你要充分的利用所有已知的具體資訊：從公司的名稱、位置、工作職位到具體的工作部門，然後向你聯繫的朋友提出一些問題，例如：「你有沒有哪個認識的人，曾經在我想要求職的這家公司工作過？」

總之，只要你多動腦筋，這個理論就一定會給你創造奇蹟。相信我，請開始行動吧！

打開大人物心門的十把金鑰匙

每一位大人物都是一座寶藏，如何開啟寶藏之門呢？金鑰匙必然存在。下面我們就介紹一把可以打開任何大人物心門的金鑰匙，讓你也借助成功者們的影響力，從而成為大人物。這把金鑰匙叫做「設問」，找到這把金鑰匙的人，也是一位大人物。以下就是已經被無數成功事實證明是行之有效的「十大黃金問題」。

・您是如何創立您的事業的

沒有人不喜歡講自己的故事，每一個人都希望自己在他人心裡成為主角。那麼，就讓大人物們與你一起分享他們的故事吧。你要做的就是——認真地傾聽。

・您最喜歡您事業中的哪一點

你很快會發現，這個問題將激發出大人物的良好感覺，並使你獲得你正在尋找的正確性回應。它必然比你的負面性問題：「您能告訴我，您最討厭您事業中的哪一點……」要好得多。

・您和您公司與競爭對手的明顯區別是什麼

這是一個「自我標榜性」的問題。但這個問題給了大人物一個吹噓自己和他們的成就的機會。

・近年來，您所在的行業發生了哪些重大的變革

擁有豐富經歷的人都喜歡回答這樣的問題，因為這顯得他們的地位舉足輕重。

・您對您行業的變化趨勢的看法是怎樣的

這個問題給了對方一個成為「博學多才」和行家的機會。任何認為自己從業經驗豐富、博學多才或覺得自己已經取得了一定成就的人，都很樂意向別人談起自己的經歷，因為這種感覺特別好。

・對一位剛進入您所在行業的人，您會給予什麼樣的建議

這個問題給了對方一個做老師的機會。幾乎每個人都有好為人師的一面，而且還很在乎別人對他回答的態度。這個問題給了他尊重。

・能聊一下您在發展事業過程中遇到過的最有趣的或最難忘的事嗎

事實上，每個人都喜歡向別人講述自己的奮鬥故事。這個問題給了他們這樣的機會。很多大人物都希望說出自己的艱苦歲月，而一般人都不會給他們機會。你現在主動要求做聽眾，大人物雖然表面很平靜，但內心必定欣喜若狂。

・您認為哪些方法最能有效地使人成功

對於任何一位大人物，他對於自己的成功歷程都會有自己的心得，並且是被他自己的經驗所證明過的。但是，平日誰會向他們請教呢？通常，任何一位真正的成功者，都喜歡教別人一些東西。

・假如您知道自己絕不會失敗，您將怎樣度過您的一生

每個人都有自己的夢想，無論夢想是什麼，被問者都會很欣賞你問他這個問題。原因是，這個問題顯示了你對他足夠的關心。

・您希望別人用一句什麼樣的話來描述您和您取得的成就呢

大人物聽到這個問題後，一般會真正地停下來，認真地思考一下，這其實是給他們一個很大的恭維。這個問題，可能連他們身邊最親的人也沒有向他們提過。

到此，有人會有疑問：第一次見面我就問對方這麼多問題，會不會讓對方覺得我太愛打聽別人的事情了。答案是：不會。

原因之一，在最初交談時，你只需要問上述問題中的有限幾個。

原因之二，上述問題是任何人，尤其是大人物喜歡回答的問題，這是最關鍵的。提問題的方式要特別注意，你不能像評論家那樣用質問的語氣問問題，也不能像記者那樣搶時間，你需要的是自然地問上適合的問題，然後讓對方感覺良好，進而營

造出一種最初的融洽氣氛。

上述問題，已經被證明效果顯著。只有針對具體不同的談話時機，提出合適的問題，才能達到預期的目的。

成功學裡有這樣的觀點：一個人的成功取決於所交的朋友。這話不無道理，試想一下，如果很多大人物，都是你的朋友或熟人，那麼，你不成功都難。因此，想辦法去結識大人物，無疑是提升個人影響力，使自己也變成大人物最有效的捷徑。

掌控好面試中的溝通細節

一九六一年四月十二日，蘇聯太空人加加林乘坐四點七五噸重的「東方一號」太空船進入太空遨遊了八十九分鐘，成為世界上第一位進入太空的太空飛行員。他為什麼能夠從二十多名太空人中脫穎而出？

原來，在確定人選前一個星期，太空船的主設計師柯洛廖夫發現，在進入飛船前，只有加加林一個人脫下鞋子，只穿襪子進入座艙。就是這個細小的舉動贏得了柯洛廖夫的好感，他感到這個廿七歲的青年既懂規矩，又如此珍愛他為之傾注心血的飛船，於是決定讓加加林執行人類首次太空飛行的神聖使命。

成功者的共同特點，就是能夠把握好細節。面試時也是如此，儘管看似全是一些微不足道的小事，卻決定著面試的成敗。留意這些小事，是你成功謀職的基礎。在與面試官進行「第一次親密接觸」時，以下幾個方面的溝通細節你必須重視。

誇誇其談

在面試中，主考官最反感的就是求職者誇誇其談。主考官在談話中一直在對你的能力進行評估，他對你的話肯定會抱著謹慎態度，你吹得越厲害，他的戒心就越強。

誇誇其談者往往是東拉西扯，話題不著邊際，表現為自鳴得意，過高地估計自己的能力。談話時大肆吹噓「關係網」，殊不知這種拉大旗作虎皮的做法正好暴露出其缺乏獨立自主能力的弱點。

語無倫次

說起話來沒完沒了，找不到頭緒的人，令人厭煩。再者，言多必失，往往會壞事。所以，在面試中，說話也要有所節制。關鍵在於說話時要動腦筋，該長則長，該短則短，明確地知道，自己想要表達一個什麼樣的內容。同時還要善解人意，注意觀察對方的神態，對方不想再聽的話，應及時止住，否則，會引起對方反感，最終導致對方漫不經心，左耳進，右耳出，使面試的效果大打折扣。

反應遲鈍

主考官最怕遇上反應遲鈍的求職者。如果你給主考官留下這樣的印象，面試將就此宣告失敗。因為沒有任何一家公司願意聘用反應遲鈍的人。

有的人在面試中有問才有答，不問就一言不發，是不妥當的。過分的沉默會被認為是對他人的談話不感興趣或者能力不強。如果主考官說話的時候，你雙眼遲滯、垂頭喪氣、冷漠，這些足以摧毀主考官對你的熱忱和信心。輪到你說話時不論你如何成功地表達自己，一切都是徒勞的，因為敗局已定。

好爭辯

不要把面試談話變成爭論或爭辯，爭辯是面試的大敵。

一個應聘者在談話中老用一種爭辯和反駁的語氣：「我認為這種想法相當愚蠢！」這種爭辯或許能表現出你的才智、機靈、推理能力和說服能力，你可能在某個問題上辯贏了，但卻引起主考官的厭煩。最後導致的結果是，你贏得一場爭辯而失去一份好的工作，可謂是「因小失大」。要記住：面試的目標不是在爭辯中取勝，而是要得到工作。

提幼稚問題

在面試當中，當然你也有提問的權利：問問工作狀況、工資待遇等。發問之前，先想想你的問題是否明智，是不是主考官早已回答或解釋過，而用不著你再多嘴多舌。面試最忌諱的是，問一些幼稚的問題。如果你問：「辦公室內是否有洗手間？」「你知道××住在什麼地方？」這些很可能使面試砸了鍋。

有一些問題，是你在面試時必須搞清楚的，但不要無話找話說，沒問題找問題。

提帶忠告性質的建議

提建議看來是件好事情，但又可能是個陷阱，它會把你變成「好為人師」、「好耍嘴皮子」的傢伙。所以，在面試中，最忌諱提些帶忠告性質的建議，不管你的建議多麼中肯、有效。

「應該怎樣……」「只要……就……」這樣的句式也要避免使用。建議雖然好，但總讓人覺得是在否定別人當前所做的一切。人性的弱點裡便有這樣一條，任何時候正面鼓勵總比反面鼓勵對一個人的促進效果好。尤其是陌生人面前，更不能隨便去否定別人了。

不要問太多的問題

有位作家在談到對追問的忌諱時說：「如果我想和你溝通，我必須讓你知道我的感覺，而每個問題背後都隱藏著我的感覺，有時候我想在表露自己之前，先挖掘出你的真正想法，因為我擔心你對我並非十分贊同，所以不能冒然坦誠自己。」

這是被問人的心理狀態：問題過多，被問的一方在心理上馬上形成自我保護狀態。他思考的已不再是如何回答你的問題，而是在考察「你為何要問這些？你的目的是什麼？你的動機是什麼？」

有時候，應聘者提的問題讓主考官難以回答，或者令主考官生厭，他就會用一個幽默的回答，一段沉默，或者用同樣令你生厭的答案來應對你。這一切都告訴你，請你不要再問下去了。

傳播無聊的消息

如果你瞭解主考官的一些私事或他朋友家裡的事，最好裝聾作啞，千萬不要涉及這類話題。這類話題，無論你的動機如何，都會令考官反感。

有人認為瞭解主考官的朋友或家人是接近他的有效途徑，所以在談話中時不時提到某人：「我跟××很熟，他最近結婚了。」這類話，看來是想引起考官的注意和興趣。但在談話中，不管傳播的是事實，還是非事實，都會產生不良影響。因此，考官對你這種「長舌婦」行徑一定會反感。

得罪人的語言

產生隔閡的語言當然不只是罵人的語言，多數是在談吐方式上產生的。有些人從小養成了以自我為中心的不良習慣，他們在說話時只想著如何顯示自己的優勢，把別人壓倒。

「我畢業於××大學，是有名氣的大學，×××名人就是我的學長。」「不見得吧，我看那人不怎麼樣，他太一般化了。」這樣的語言，在我們的生活應該說是隨處可見。通常情況下，這些人在說話時內心裡並沒有存在什麼惡意，但作為聽者來說，老覺得難受。

使用產生隔閡的語言，是沒有站到他人立場上去考慮的。其實這樣的小毛病，我們只要稍加注意，是完全可以糾正過來的。

輕易訴苦

在面試中一味訴苦往往會令主考官輕視。逢人便訴苦的人大都是心胸狹隘的人，斤斤計較，對恩怨得失終日耿耿於懷，怎麼會討人喜歡呢！

一位女士在招聘台前話沒說兩句，她便向主考官訴苦：「我跟我丈夫兩地分居幾年了，孩子一直由我帶，這幾年……」說話間竟落下淚來，「您這兒收了我，我們全家對您感激不盡。」

主考官雖對她勸解幾句，但事後卻無可奈何地搖了搖頭：「什麼情況也不介紹就哭哭啼啼，根本不能承受工作的壓力。」就這樣，這位女士沒有獲得這份工作。

很多人都天真地以為考官都富有同情心，或者想用「自己的遭遇能打動他」，這只是一廂情願的想法。事實上，考官雖然有同情心，但決不會濫用。面試在某種意義上說是競爭、是甄選優秀人才，而「苦大仇深」決不是競爭的有利條件。

不服輸、強詞奪理

這種談話者，在面試中並不多見。不服輸和愛慕虛榮的心理是這種現象產生的兩種主要原因。一般情況下，在長時間的舒暢過程中，人會逐漸產生錯覺，容易放鬆警惕，好像進入了「飄飄然」的境界，不太注意自己說話的邏輯性、嚴謹性和表達方式。這時受到虛榮心的驅使，即使由於對方設置的一點小小的語言障礙都可能導致強詞奪理。

強詞奪理不僅會使自己失去言談中的優勢，而且還會把自己陷入無言以對的緊張狀態之中。所以明智的做法是豁達大度、採納對方建議或者順勢地表示歉意。

把自己當做被審查的對象

面試是種平等的談話，但是很多的應聘者就是無法保持這種心態，他們總是把自己當做了被審查的對象。他們在整個面試過程中，一直端坐著，目不轉睛，又毫無表情地看著主考官，或者兩手相握，不斷捏弄拇指……一切都是表明這人不是來應試的，而是犯了某種罪過，來聽候處理的。他們在回答問題時，也成為被審查的對象，他們的語言簡單到「是」或「不是」，除此之外，不做任何「多餘」的表現。

主考官對這類應聘者非常頭痛，因為他們面對的不是活生生的人，而是一件物品或一種機器。主考官都有發表意見、研究人、把握人的欲望，他決不希望面試變成審查。

性格和習慣中的粗心是人生的大忌，更是妨礙成功的重要因素。「千里之堤，潰於蟻穴」，告誡我們不要小瞧了面試中的一些不良的說話習慣。很多的應聘者，可能頗有才華，但因為在面試中不注重細節，而與幾乎已經唾手可得的好工作失之交臂。

與陌生異性搭訕的四堂必修課

很多人對與陌生人搭訕存在著太多的誤解，他們總是給搭訕者戴上了圖謀不軌的帽子。其實，主動與陌生人搭訕不僅是一種自信的表現，而且可以體現出搭訕者為人豁達、大氣的胸懷。

人與人之間的相遇是機緣，如果不懂惜緣，就會遺憾地錯過一生。通過主動去搭訕、相識，這就是惜緣最實際的做法。

你會與許多陌生人的生活「相交」，或許有可能遇到你的「另一半」。但除非你開始同她（他）們說話，否則永遠是紙上談兵。同陌生人交談可能會初覺畏懼，但並非不可一試。下面就是向心儀的陌生異性搭訕必須要做的四個方面的功課。

第一課　瞭解被搭訕者的心理

通常情況下，我們碰上一隻可愛溫順的小狗，會去主動逗牠玩。可是當我們遇到一位讓自己怦然心動的陌生異性時，卻突然沒有了那份瀟灑與從容，甚至喪失了主動。這就是所謂的距離感。

不同的思維模式和生活觀念、價值觀念，使每個人都給自己建造了一個只屬於自己的心靈世界。因此從表面看來，似乎每個人都不希望有陌生人闖入自己的心靈花園，從而導致我們對搭訕的認知首先就走入了誤區，總是害怕對方惱羞成怒，弄得自己下不來台。其實，多數人的內心深處，都存在著一種孤獨感，這種孤獨感在人們的心中常年累積便成了強烈的渴望，渴望被人關心與愛護。所以，你要知道，很多被搭訕的異性同樣是渴望與你建立朋友關係的。

我有位研究心理學的朋友，叫李欣桐，跟我說過她的一段經歷。

有天晚上，李欣桐約了一位久未謀面的女友出去吃宵夜。酒過三巡，一派淑女風範的女友抽出了根煙卻找不著打火機。李欣桐不抽煙自然不會帶，轉頭看見鄰桌上幾位男士剛坐下在高談闊論，她便探過身去招呼了一聲：「哎，老闆，借下打火機。」

男士回過頭來看了她們一眼，沒說話，把打火機遞了過來。

淑女點著了煙，卻又把打火機遞還給李欣桐，意思是你借的還是得你自己去還。李欣桐轉身把打火機遞了回去說：「謝謝啊！」

男士笑笑、點點頭算是答禮，問道：「兩位美女是本地的？」

李欣桐說是，男子指了指他們幾個說：「我們是北京來的，聽說這家的湘菜很有特色，慕名而來！」

李欣桐對他們擺了擺手說：「歡迎啊！」

男子又說：「美女你給我們介紹幾個特色菜吧！」說著就打開菜單遞了過來。李欣桐隨口說了幾個她喜歡的湘菜名。男子道了謝，並隨手遞過來一張名片。

回過頭來李欣桐繼續和女友說話。女友拿過李欣桐手中的名片看了一眼就放在邊上，嘴角略帶冷豔地笑了笑：「這個男人很會搭訕啊。」

女友這句話和她的笑讓李欣桐想起以前有一次她吃宵夜，在等桌位的時候，聽見旁邊有個女人憤憤地在打手機，跟別人訴說剛才在路上被搭訕的事，一口一個「討厭」、「煩人」、「神經病」。

李欣桐看著她的模樣和打扮，不覺得是那種會在街上被搭訕的女人，而且她語氣誇張，說個沒完沒了，讓旁邊的人紛紛對她投來注視的目光。李欣桐不禁失笑：口是心非！

李欣桐跟我分析說：「其實，女人心裡其實都是喜歡、甚至是期待被搭訕的，這也許是不少男性不瞭解的秘密。那個女人看上去有點異常的舉止，其實很可能就是她心裡期待很久的被搭訕的願望突然成真時的激動和興奮，只不過她的激動和興奮被我們的社會世俗觀念扭曲成了一個奇怪的樣子。」

第二課　與陌生人、熟人說話並無多大的區別

何謂搭訕？搭訕即主動和陌生人交談。即使再內向的人，遇到異性，都敢去問路。但是，若以問路為藉口，與異性搭訕，這時敢過去的人就沒有那麼多了。

有些人天性隨和，能放鬆地與人搭話。當他們面對自己不在意的異性時，往往能談笑風生、瀟灑自如。而當他們面對自己非常中意的異性時，卻又顯得扭扭捏捏、婆婆媽媽、欲說還休。這到底是什麼原因呢？

這無疑是心理的壓力所致。心理壓力決定了你是否敢跨出搭訕的第一步，如果你不敢開口，那談什麼技巧都是白搭。

怎麼克服心理壓力就成了問題的關鍵。要克服心理壓力，一定要能承受失敗。在每一次失敗之後，及時總結經驗，便可由起初的屢戰屢敗發展到後來的百戰不殆。

其實，與陌生人談話和與熟人談話的區別不是很大，兩者的區別僅僅在於心態的不同。我們為什麼不好好的想想，只要對方是友善的，你又何必把對方當成局外人呢？還不如放開手腳，讓對方瞭解你、認識你。

與陌生人搭訕是需要一定的勇氣的，要敢於放得下面子，所謂敢於丟臉，才能給

自己長臉。不過，這也是可以鍛煉出來的。譬如，下面這個厚臉皮男生追求女孩的這種搭訕術，沒有足夠的勇氣是做不出來的。

男生走到心儀陌生女生旁邊，微笑著說：「同學，你好！」

女生轉過臉來，微笑著回應他。

男生：「我剛才在那邊看見你，覺得你很有氣質，想和你認識一下。」

女生：「你是濟南大學的嗎？」

男生：「不是，把你的手機號碼給我，好嗎？」

女生有點為難了。

男生覺得好戲來了，他想，一般別人遇到這種情況都會有兩種反應，第一種是：「好吧！」第二種是：「有緣再見的時候再給你吧！」選擇第一種，自然好說，目的直接達到，選擇第二種，則還得下些工夫。

結果，女生沉默了一下，選擇了第二種，她說：「有緣再見的時候再給你吧！」

男生並沒有死纏，平靜地說：「那好的，下次再見吧。」他走開了。男生走出十幾米後又從別的方向走到女生的面前，女生一看見他就笑了，沒有想到會這樣。男生這個時候就說：「我們真有緣，又見面了，把你的手機號給我吧。」

女生捂著嘴笑，於是高興地將手機號碼給了男生。兩個人就這樣簡單地建立了朋友關係。

不過和陌生人搭訕也要事先考慮一下自己說話的語氣和態度，對於不同的人要選擇不同的表達方式，如果你對一個跟你同齡的人採用十分正式的搭訕方式，效果可能會適得其反。

在商務或者其他比較正式的場合，要特別注意談話的口氣，最好去看一些禮儀方面的書，借鑒一下，看一般情況下，都需要用哪些禮節。

跟陌生人搭訕不要過於緊張，這樣會讓對方感到不自在，最好是以比較隨意的談話開始，比如說說身邊正在進行的一些事，或者談談天氣什麼的。其實就像我之前提到的一樣，可以鍛煉自己的勇氣，多在公共場合說話和發表見解是很不錯的方式。

第三課　搭訕的實戰術

與異性的搭訕，若要獲得成功，就必須要講究一定的方式方法，我們將這種方式方法看做搭訕的「實戰術」。下面就將幾種常用的「實戰術」介紹給大家。

●落單

落單是指異性身旁沒有其他人時。這用我們的俗話說就是天賜良機。異性身邊沒有其他人，我們就不必為有可能被外界干擾而擔心。這個時候，我們可以上去慢慢地與她（他）說話，即使被對方拒絕了，也不會覺得有多麼尷尬，因此自可放手一搏！

對於初學者或者經驗不足者，異性處於落單的狀況時出手是最適合不過了。

●有同性朋友

對於一般人來說，異性身邊有其他同性朋友時的情況是最常見的。

例如，女孩和女伴一起去逛街、吃飯等。然而，面臨這種狀況，你不要膽怯，也不要存在任何畏懼的心理。我們要這樣想，兩個女孩或多個女孩在一起的時候，女性天生的虛榮心就註定了她們會在這個時候各顯神通，她們其中的某一位，甚至會為了做給對方看而故意和你搭訕兩句，碰到這類情況，你又何不成人之美呢？

●有異性朋友

有異性朋友在對方身旁時，最好不要冒然搭訕，因為此時你無法判斷出這些人之間的關係，如果冒然搭訕可能會被斥責。最好的方法是摸清對方幾個人之間的關係。一般來說，如果對方只是普通朋友的話，他們之間是不會有任何親昵動作的。

等將對方的關係摸清以後，心裡有了個大概，這時就可以前去搭訕了。但這裡還要注意一個問題，就是不能直接朝目標奔去，你可以先從她（他）身邊的朋友入手，最好是從她（他）身邊的異性朋友開始。這樣，一來，首先和你搭訕的人是你的同性，就把你前去與他們搭訕的目的巧妙地進行了視線的轉移。二來，她（他）身邊的朋友也覺得你有禮貌，尊重了他們，考慮到了他們的感受。他們不但不會斥責你，也不會看你不舒服，而且弄不好還會主動將身邊的異性朋友介紹給你。

這確實是個非常好的點子，筆者就曾親自體驗過幾次，而且效果非常不錯。相信想與異性搭訕的你，也同樣能做到！

●有父母（長者）

這種狀況下，有一定的難度。但是，也是最能考驗一個人搭訕水準的時刻。你需要把握一個原則，那就是給異性的父母一個非常好的印象，是取得成功的關鍵一步。如果你在短短的交談中，能夠讓異性的父母或者長者信任你、欣賞你，那麼，你與異性成為好朋友的可能性更大。因為對你有好印象的長者，反而會幫你在異性面前說好話，而晚輩都比較尊重長者的看法。

這裡建議你，在採取行動前，最好要和異性有眼神接觸，進行成功率的檢測，以免碰釘子，弄得傷心而返。

●眼睛放電

街遇異性，第一次眼睛不能直勾勾盯著她（他），瞄了她（他）一眼後，要迅速望向別處。然後第二次在看著她（他），給她（他）一個心花怒放的感覺，認為第二次看她（他）是被她給吸引了。

為什麼第一次眼睛不能一直直勾勾盯著她（他）？第一，很容易被對方當做性急的色狼或者隨便的蕩婦。第二，你的形象夠好，她（他）因為緊張無法給你一個正確的回應，甚至會給你一個白眼。

在你扭頭望向別處的時候，可以給她（他）一個緩衝的時間，以便她（他）給你正確的眼神回應。在你第二次看她（他）時，如果她（他）對你有好感，就會給一個良性的信號，比如也看你。

●回頭放電

大街上迎面走過一個美女或者帥哥，在擦身而過時，你回頭望她（他）一眼，如果她（他）也回頭望你一眼，那麼你在追上去搭訕，成功率更高，如果兩次回頭，成功率基本百分之百，簡單的禮貌用詞，就可以交換電話號碼了。

●距離放電

這種情況一般出現在你和她（他）需要長時間同處一個地方的時候，比如買票、食堂吃飯、同坐一班車。

你找機會排在她（他）的身後或者身前，人是非常敏感的，你就排她（他）身後或者站其身邊。如果她（他）也對你有好感，她（他）會站在你的身邊不願意走開，甚至表情不自然。

大部分對你有好感的異性，會找機會給你一個良性的回應，比如第二次排隊，她（他）會故意站你身後或者站你旁邊。這裡站身後和站身前，是有不同的。如果你對自己形象非常自信，你要站她（他）前面；如果不是，那你就站她（他）後面。

最後還需要掌握一些搭訕的原則：

- 不要從背後去跟陌生異性搭訕。
- 視線相對時要臉露自然的微笑。
- 不要由上往下打量對方的全身。
- 態度要自然，不要讓對方感到你是在有意跟她（他）搭訕。
- 不要急著去碰觸對方身體。
- 不要對方一拒絕就氣餒敗退，需再接再厲。
- 不能纏著對方，更不可擋住對方去路，緊跟不捨，就算失敗了也沒有什麼了不得的。
- 若能與她（他）約定下一次見面時間，便是完全的成功，要懂得在恰當的時候結束這第一次的接觸。
- 如果對方的反應熱烈，你就無須拘泥於上述的做法，而應「乘勝追擊」。

第四課　優雅地結束談話

精彩的談話必有終結的一刻，讓你們之間的談話優雅地結束，切記不要畫蛇添足。你可能希望繼續聊下去，但為何不在她（他）想知道更多的時候留點懸念呢？感謝別人花費的時間，讓她（他）們知道你還有其他的一些事情要處理，但你希望在雙方合適的時候可以繼續談話。你可以說：「我還有會，但我真希望可以到你提到的餐館體驗一下。或許這週末我們可以一起繼續這個話題？你認為呢？」

在互換聯繫方式後，微笑，接著做你應該做的事，別忘了回頭再向對方微笑一下，感謝你們的相識，讓他（他）感覺到你對他（他）的在乎。

結交陌生異性的通用殺手鐧

異性交往是人際關係中最敏感，也最微妙的一種，有些大齡未婚者，並不是刻意追求獨身，也不是沒有遇到白馬王子或白雪公主，而是不知道如何與陌生異性建立關係，如何表達情感。那麼，面對心儀的陌生異性，我們該如何在短時間內給對方留下良好的印象，最終贏得對方的傾心呢？以下就是所有問題的答案。

自信者所向披靡

所謂自信就是指對自己很有信心，能看到自己的優缺點，並且能揚長避短，能充分認識自己，對自己有一個正確和適當的評估，既不妄自菲薄，又不狂妄自大的一種心態。在與陌生異性交往中，雖然很多人都有「以貌取人」的心理，但是，更多的人會看重氣質，特別是隨著溝通的深入，一個人的氣質才是真正讓對方折服的東西。而氣質的體現，很大的因素又取決於自信。

試想一下，如果你沒有自信，你哪裡來的勇氣與陌生的異性交往呢？可能你沒有特別迷人的外表，但如果自信，那麼，你的魅力可以所向披靡。

這裡有這麼一個故事：十年前的那個週末舞會，女孩是正值青春年華的大二學生，她像一朵六月的新蓮在沸騰的舞池中，裙子翩翩飛，飄逸而芬芳。在目光的包圍和無休無止地旋轉後，她累了，坐在一邊休息。

這時，一個男孩走過來向她微微鞠躬，伸出手：「我可以請你跳舞嗎？」他彬彬有禮，像一個古代的王子，讓人不忍拒絕。

帶著一絲疲倦，她站了起來。當兩個人面對面地站在舞池中，靜等音樂響起的片刻，她突然發現，那個男生比她似乎還矮一點點。也許並不真的比她矮，但是女孩子覺得，如果哪個男生與她一樣高，那就已經算矮了。

「我比你還高哪！」女孩子輕輕地說，笑著，像小時候與小夥伴比高矮時得勝後的高興樣子，其實是心無城府的，因為她從小便比身邊所有的朋友長得高，已習慣了在與他們的比較中驕傲地笑。但眼前的男孩子並不是自己的朋友，只是舞會上偶爾邂逅的舞伴。女孩子立刻為自己的口無遮攔而後悔了，她的臉刷地一下紅了。

一切發生得太快了，男孩子有點猝不及防。稍稍愣了一下，臉上的笑還來不及退去，新的一波笑意竟浮了上來。他不慍不惱地說：「是嗎？那我迎接挑戰。」

後面四個字稍稍有點重。女孩子無語，歉意地笑，躲過他的目光，但卻有點緊張地捕捉來自他的資訊。就見他下意識地挺直了胸脯，輕描淡寫地說：「把我所發表過的文章墊在我的腳底下，我就比你高了。」原來，他也有他的驕傲。

舞會後，他們成了戀人。後來，因為陰差陽錯，他們並沒能走在一起，但是，女孩卻從來沒有忘記過他，沒有忘記當年在舞會上的那一幕情景，尤其是那兩句不卑不亢的話：「我要迎接挑戰……把我所發表的文章墊在我的腳底下，我就比你高了。」

故事到此，並沒有完，十年後他們再次相遇。女人成了男人的投資人，他們共同創立了一家享譽培訓界的培訓公司。由此可見，在與陌生異性交往中，最重要的不是你外表英俊或漂亮與否，而是你是否具備充分的自信。

膽大，心細，厚臉皮

在戀愛中，對於男生如何贏得女生的芳心，流傳這樣的戀愛利器：「膽大、心細、厚臉皮」。這話，雖然有戲謔的成分，但是用在與陌生異性的交往中，卻是屢試不爽的。我多次提到，傳統理念是「不要和陌生人說話」。基於這樣的原因，長期以來人與人心靈之間像是隔著一道柵欄，特別是男女之間的「授受不親」觀念更是禁錮著所有人。因此，在與陌生異性交往中，能將「膽大、心細、厚臉皮」融於一身，全

副武裝起來的人少之又少。

我有位頗有名氣的詩人朋友，一次一起去旅遊，在武夷山偶遇一位女子，大概因為武夷山秀美的景觀與這位女子的容貌打扮天然和諧地融為一體，竟讓我這位朋友心動萬分，他竟然在遊客如織的道路上，走上前去當面讚歎她：「你真美啊，小姐！簡直是一位從武夷山神女峰上飄下來的天使！」

同行的朋友都張大了嘴巴，瞪大了眼睛，不禁說了一句：「這下有好戲瞧了！」可是眼前這一幕卻出人意料，那女子停住腳步，面帶微笑，平靜地回應了他一聲：「謝謝！」隨後優雅地轉過身子，準備離去。就在女子正要轉身離去的瞬間，詩人又上前一步：「小姐，我能知道你的地址與芳名嗎？」

在我們看來，詩人簡直有點得寸進尺，大概是吃錯藥了。可那位女子還是那麼嫻靜平和，微笑著看了他一會兒，從提袋裡取出一張名片來：「好吧，這是我的名片，請多關照！」

詩人歡天喜地拿著名片回到同伴隊伍中來，名片上赫然印著女子的芳名與地址及電話號碼，原來是某公司的公關經理。

後來詩人和那位女子成了很好的朋友。他說他很少見過這種女性，第一次和她約會時，她果然如期而至，他感動得差點落下淚來，那是一種被信任的喜悅。

「她各方面的修養都很好，喜歡聽古典音樂，對新詩也有自己的見解。我們在一起時很愉快，不過僅此而已。她已經有自己的心上人了！」詩人感歎了一句，不知是自豪還是因為惆悵。

看完上面的故事，你也許會說，沒想到如此簡單。其實，與異性交往時，能夠做到「膽大、心細、厚臉皮」首先就為戰勝了自身的怯弱心理，因此有時甚至不需要太多的溝通技巧，便能打破男女之間的那道藩籬。當然，不是每個人都像故事中的女性一樣樂於接納你的，這一點你最好也要有心理準備，畢竟百密還有一疏的時候。

有一首歌這樣唱道：「抓不住愛情的我，總是眼睜睜看它溜走，世界上幸福的人到處有，為何不能算我一個……」它唱出了所有在愛情上失敗的男女青年的心聲。如果要找出失敗的原因，他們缺乏的正是上面所說的自信、勇氣和技巧。

第五章

遠離與陌生人溝通中的雷區

所謂「逆鱗」一語，即使再馴良的龍，也不可掉以輕心。
龍的喉部之下，約直徑一尺，上有「逆鱗」，鱗是相反生長的，
如果不小心觸摸到這一「逆鱗」的人，必會被激怒的龍所殺。
其他的部位任你如何撫摸或敲打都沒有關係，
只有這一片逆鱗無論如何也接近不得。
在與陌生人的溝通中，有些方面也如龍身上的逆鱗，
有所忌諱，千萬要重視，別跨越雷池。

與陌生人溝通，貴在自然

我觀察過周圍的人群，發現有這樣一種人——他們在和自己熟悉的人交談時很輕鬆自然，雖說不上滔滔不絕、口若懸河，但也能做到口齒伶俐、侃侃而談，但他們一旦到了公眾場合和陌生人交談，馬上就變得不會說話，經常面紅耳赤、語無倫次了。

這種情況，在心理學上會被看做是輕微的社交恐懼症，通常人們卻往往用「為人老實」、「不善交際」等詞語來掩飾。然而，在現代社會裡，人際變動很大，人與人的交流越來越頻繁，越來越廣泛：在工作時，我們要面對新同事、新客戶；在進修時，我們要相處新同學、新老師；在娛樂時，我們要結交新朋友、新玩伴……在這些場合下，一個人如果不善於和陌生人交談，造成的損失卻是無法彌補的。

造成和陌生人說話困難的原因往往是心理恐懼和語言生澀兩方面的，心理問題可以通過心理諮詢或自我調節來克服，而語言技巧問題，我們的文章也許對你有一定的幫助。

有這樣一個故事：有個老先生的鬍子很長，平時沒有覺得有什麼不方便的，可是有一天一個調皮的小傢伙問他：「老爺爺，你睡覺的時候鬍子放在被子裡還是放在被子外？」老先生平時也沒有留意，一時回答不上來。晚上睡覺的時候，老先生開始注意起自己的鬍子來，結果怎麼放都覺得不合適，連覺也睡不成了。

這個故事告訴我們一個很簡單的道理，有很多事情，我們不必去刻意關注，只要照你平時那樣去做就行了。和陌生人講話，其實並沒有什麼太多講究，只要照平時那樣自然地去說就行了。

我們每個人說話都有自己的特點，因而怎樣才算說話自然隨和，並沒有一個統一的標準，但是不刻意偽飾，不刻意模仿，保持常態，自然是我們和陌生人交談時最重要的一個原則。我們不能像那個邯鄲學步的人一樣，為了學會高雅的步伐而忘記了正常的行走，結果只會在地上爬了。

假如你覺得在陌生人面前即使要保持常態，自然隨便地講話也是一件很困難的事，那麼可以試試以下技巧。

調整自己的呼吸狀況

說話每時每刻都要利用肺部呼出的氣流，由於緊張而引起呼吸紊亂，就會使說出來的話顫顫巍巍，或者輕重不均勻，給人一種支離破碎的感覺。

所以，如果你覺得緊張，可以在說話前有規律深呼吸幾次，調整一下心情，等呼吸穩定以後，再開口說話，聲音就不會發顫了。同時，深呼吸也可以幫助攝入足夠的氧氣，使我們頭腦清醒，保持敏捷的思維。

集中精神、心無旁騖

說話的時候不要走神，讓大腦運轉起來，佳詞妙句就會源源不斷自動噴湧出來。聽話的時候更要專注，努力捕捉對方的眼神、表情，積極做出回應，如會心的微笑、贊同地點頭等。

這不僅讓對方覺得受到重視，因而情緒高漲，而且也會讓自己的緊張情緒煙消雲散，全身心投入到興致盎然的對話中去。

不要雕琢詞句

和陌生人交談，並不需要故作高雅，平時用什麼詞現在還用什麼詞。這不是說要口無遮攔，怎麼想就怎麼說。在說話的內容上，我們需要斟酌；可是在說話的方式上，我們可以順其自然，不要刻意追求華麗的辭藻或精彩的句式。

一些高雅的詞彙，也許可以為你的話語增色，但是如果因此耗費了大量的心力以至於無法集中思考說話的內容，卻是得不償失的。更何況，不熟悉的說話方式和詞彙也很容易讓人出洋相，一時讀錯了一個音或說了一個病句，就會給心理上帶來巨大的壓力，如果再造成惡性循環，就會洋相百出了。

不要過分客氣

在初次見面的自我介紹中，可以使用一些敬語，但當談話深入下去的時候，「謝謝」、「請」、「您」這些話就不必總掛在嘴邊了，否則就會顯得很見外，雙方的關係很難進一步發展起來。禮貌是必須的，但太過於禮貌也會讓人反感。

不要故作幽默

很多「口才兵法」上都說，幽默是人際交往的潤滑劑，可是以緩和緊張的氣氛。這話沒錯，可幽默是一種很高級的交際技巧，需要靈活的思維、有趣的內容再加上語氣、語調、手勢、身姿等的密切配合才能達到良好的效果。

對於不善於交際的人來說，千萬不要故作幽默，以免弄巧成拙。以「我來講個笑話」開場，以越來越緊張的聲調敘述，以等待好久聽眾才發出的幾聲乾笑收場，這樣的幽默實在太令人尷尬了。倒不如老老實實說話，即興來一兩句好玩的，更讓人印象深刻。

克服了心理上的恐懼，再使用以上的說話技巧，你一定能使自己說話親切、自然、隨和，讓人如坐春風，讓越來越多的陌生人成為你的朋友。

卡內基說：「要使別人喜歡你，首先你得把精神放得輕鬆一點，表情自然，笑容可掬。」人們也常把「自然就是美」掛在嘴邊，可見，自然是溝通中最好狀態。陌生人，只是還未認識的朋友，因此，沒有必要過於恐懼，拘泥、刻板。

以貌取人，危害無窮

兩個陌生人第一次見面，必然首先是從外貌上來認識對方的。外貌不佳的人，給人的第一印象往往不會太好，愛美之心人皆有之，這也是人之常情。但關鍵是一個真正的社交高手，懂得如何慢慢去修正自己的第一印象，最終讓對方的形象在自己心中脫胎換骨，同時對他人便有了一個完整、全面、客觀的認識。

而一個以貌取人的人，總是將問題看得很膚淺，什麼東西都只停留在事物的表面，他們不願意對別人進行深入的瞭解，完全憑自己的直覺判斷好壞。

哈佛校長的遺憾

哈佛的一位校長就是典型代表——作為世界鼎鼎有名的頂級學府的校長，他居然也犯下了以貌取人的毛病，讓哈佛遭受了巨大的損失。

有一次，一對老夫婦來到哈佛大學，女的穿著一套褪了色的條紋棉布衣服，而她的丈夫則是穿著粗布製的便宜西裝。沒有事先預約就直接拜訪哈佛校長。

校長的秘書斷定這兩個鄉下人根本不可能與哈佛有業務來往。

先生輕聲地說：「我們要見校長。」

秘書很不禮貌地說：「他整天都很忙。」

女士回答說：「沒關係，我們可以等。」

過了幾個小時，秘書一直不理他們，希望他們能知難而退。然而，他們卻一直在那裡等。

秘書終於決定通知校長：「也許他們跟您說幾句話就會走的。」

校長不耐煩地同意了。

女士告訴校長：「我們有一個兒子曾經在哈佛讀過一年書，他在哈佛的生活很快樂。但是去年，他意外死亡，我丈夫和我想要在校園裡為他建一座紀念物。」

校長並沒有被感動，反而覺得很可笑，粗聲地說：「夫人，我們不可能為每一位曾讀過哈佛而後死亡的人建立雕像。如果這樣做，我們的校園看起來會像墓地。」

女士很快說：「不是，我們不是要豎立一座雕像，我們想要捐一棟大樓給哈佛。」

校長仔細看了一下這對夫婦身上的條紋棉衣及粗布西裝，然後吐了口氣說：「你們知道建一棟大樓要花多少錢嗎？我們學校的建築物總價超過七百五十萬美元。」

這時，這位女士沉默不語了。校長很高興，他總算把他們打發走了。

這時只見這位女士轉向她丈夫說：「只要七百五十萬美元就可以建一所大學？那我們為什麼不建一所大學來紀念我們的兒子？」

她的丈夫點頭同意。

就這樣，這對老夫婦離開了哈佛，到了加州，建立了一所大學來紀念他們的兒子，這所大學就是史丹福大學。

我們不禁為這位哈佛校長的所作所為感到遺憾。所以我們評價別人的時候，還是慎重一些為好，不要以貌取人，光從我們看到的表面現象來決定其本質。

不要憑封面來判斷書的好壞

事情總是呈現出它的兩面性：一方面是我們看到的現象，另一方面是它的事實。我們看到的現象，很多時候並非是事實，而大多數人往往把看到的現象當做了事實。

有個四處流浪的流浪漢來到了一個陌生的地方。他看到有一個老頭坐在街道的拐角處，那是一個乞丐。不知道什麼原因，這個乞丐居然要請他喝咖啡，流浪漢沒有拒絕。他們來到了廣場上喝起了咖啡。

幾分鐘以後，這個和藹的乞丐對流浪漢說，他有些重要的東西要給流浪漢看並要與他共同分享。流浪漢緊緊地跟在老乞丐後面，穿過了幾個街區，來到了圖書館。他跟著老乞丐走進了這座神聖而又莊嚴的知識殿堂，而這裡曾是流浪漢最討厭的地方。

老乞丐讓流浪漢坐在椅子上，說：「我馬上回來。」不一會，老乞丐夾著幾本舊書回來了。他把書放到桌子上，在流浪漢身邊坐了下來。接著，老乞丐打開了話匣子，開始了那改變流浪漢一生命運的談話。

「年輕人，我教你兩件事。」他目不轉睛地看著流浪漢，意味深長地說，「第一件事是不要從封面來判斷一本書的好壞，因為封面會矇騙你。我敢打賭，你一定認為我是個乞丐，是不是？」

「難道你不是嗎？」流浪漢反問道。

「嗯，年輕人，我知道你會這麼想。不過，我會讓你大吃一驚的。」他一邊說著，一邊神秘地望著流浪漢，「你可能不知道，其實我是這個世界上最富有的人之一，人們夢寐以求的東西我幾乎都有。」

說著，老乞丐收斂起笑容，目光也從流浪漢的臉上移向了遠方，彷彿陷入了回憶之中：「我原來住在繁華的大城市，凡是金錢能買到的東西，我全都擁有。但是一年前，我妻子死了。從那以後，我開始追憶過去的歲月，深刻反省人生的意義。我知道，生活是豐富多彩的，而我還有很多東西都沒有體驗過，比如做一個沿街乞討的乞丐。於是我決定要做一年的乞丐。就這樣，在過去的一年裡，我從一個城市流浪到另一個城市，到處漂泊，到處乞討。」

說到這，他把目光再次移向流浪漢：「所以，年輕人，千萬不要以貌取人，否則你會受騙的。」

他頓了頓，語重心長地繼續說道：「我要教給你的第二件事是要學會如何讀書。因為這個世界上只有一種東西是別人無法從你身上拿走的，那就是知識！」

富翁的話一語中的：不要從封面來判斷一本書的好壞，因為封面會矇騙你。的確如此，事情有兩面性：看到的現象和事實。但通常我們容易把看到的現象當做事實。由此可見，對於陌生人，以貌取人，貽害無窮。

當心小毛病成為你的絆腳石

一個好的習慣往往會成就一個人，一個壞的習慣往往會毀滅一個人。與陌生人交流時也是如此，一些不經意的小毛病，可能就會影響對方對你的印象，從而中斷與你的關係，讓你失去很多的機會。

談判在末開始前結束

談判是商務中常碰到的事情，是人們為了協調彼此之間的商務關係，滿足各自的商務需求，通過協商、對話以爭取達成某項商務交易的行為和過程。談判桌上，勝敗乃兵家常事，但是如果一次談判在還沒有開始前就定了輸贏，輸的一方就的確敗得夠慘！下面就是個關於談判的故事，大家和我一起來看看：

飛機像一隻滑翔的大鳥降落在東京國際機場，一家知名汽車生產公司的總工程師

高橋躊躇滿志地走下舷梯，他此行肩負重任。隨著汽車業的日臻成熟，高橋所在公司擴大了與日本一家生產高檔轎車公司的合作。他此行目的就是與日方談判，為他們提供轎車配件。如果談得順利，公司將獲得巨大的經濟效益。

高橋只有四十多歲，卻已是知名的汽車專家，日方顯得很慎重，派年輕有為、處事謹慎的副總裁兼技術部課長百惠前來迎接。

豪華氣派的迎賓車就停在機場的到達廳外。高橋辦完通關手續，走出大廳，來到舉著歡迎他的小牌子的人面前，與百惠見面。賓主寒暄幾句後，百惠親自為高橋打開車門，示意請他入座。

高橋剛一落座，便隨手「砰」地關上車門，聲音極響，百惠甚至看見整個車身都微微顫了一下。百惠不禁愣了一下：「是旅途的勞累使高先生情緒不佳，還是繁瑣的通關手續讓他心煩？他可是株式會社的貴客，得更加小心周到地接待才行。」

一路上，百惠顯得十分熱情友好，甚至到了殷勤的程度。迎賓車停在株式會社大廈前的停車場裡，百惠快速下車，小跑著繞過車尾，要為高橋開車門。但高橋卻已打開車門下車，又隨手「砰」地關上車門。這一次，比在機場上車時關得還要響，似乎用的力量還要重得多。百惠又愣了一下。

日方安排洽談前的考察十分緊張，株式會社董事長兼總裁鈴木先生還親自接見，令高橋感到非常滿意。會談安排在第三天。在接下來的兩天裡，百惠極盡地主之誼，全程陪同高橋遊覽東京的名勝古跡和繁華街景，參觀公司的生產基地。高橋顯得興致很高，可回到下榻酒店時，他關車門時又是重重的「砰」的一下。

百惠不禁皺了一下眉。沉吟片刻，他終於邊向高橋鞠躬，邊小心問道：「高先生，敝社安排沒什麼不妥吧？敝人的接待沒什麼不周吧？如果有，還望先生海涵。」

高橋顯然沒什麼不滿意的：「百惠先生把什麼都考慮得非常周到細緻，謝謝。」說這話時，高橋是滿臉的真誠，百惠卻顯得若有所思……

第三天到了，接高橋的車停在株式會社大樓前，他下車後，又是一個重重的「砰」。百惠暗暗地咬了咬牙，暗中向手下的人吩咐幾句後，丟下高橋，徑直向董事長辦公室走去。高橋正感到有些莫名其妙，百惠的手下客氣地將他讓到了休息室，說：「百惠課長說是有緊急事要與董事長談，請高先生稍等片刻。」

董事長辦公室裡，百惠語氣嚴肅地對鈴木說：「董事長先生，我建議取消與這家公司的合作談判！至少應該推遲。」

鈴木不解地問：「為什麼？約定的談判時間就要到了，這樣隨意取消，沒有誠信吧？再說，我們也沒有推遲或取消談判的理由啊。」

百惠堅決地說：「我對這家公司缺乏信心，看來我們株式會社前不久對該公司的考察走了過場。」鈴木是很賞識這個精幹務實的年輕人的，聽他這麼說，便問：「何以見得？」

百惠說：「這幾天我一直陪著這個高總工程師。我發現他多次重重地關上車門，開始我還以為是他在發什麼脾氣，後來才發現，這是他的習慣，這說明他關車門一直如此。他是這家知名汽車公司的高層人員，平時坐的肯定是他們公司生產的好車。他重重關車門的習慣，是因為他們生產的轎車車門用上一段時間後就易出現品質問題，不容易關牢。好車尚且如此，一般的車就可想而知了……讓他們給我們生產轎車配件，成本也許會降低很多，但這不等於在砸我們自己的牌子嗎？請董事長三思……」

鈴木覺得有道理，當即答應了。

就這樣，一個關車門的動作揭出了這一習慣性動作背後可能隱藏的深層問題，從而導致合作失敗。壞習慣在關鍵時刻出賣了高橋，使公司的合作專案最終沒有談成。

溝通中應該規避的壞習慣

日本名鐵百貨公司社長長尾芳郎，把自己認為是人才的一個朋友介紹給名古屋工商會議所，因為該所急需一名管理分部的主任。

名古屋工商會議所主席土川元夫和這個人面談後，立即告訴長尾芳郎：「你介紹來的這個朋友不是個人才，難以留任。」

長尾芳郎聽後很吃驚，接著有點生氣地說：「你僅僅和他談了二十分鐘左右，怎麼就知道他不是人才呢？」

土川元夫解釋說：「你這位朋友和我一見面，首先，自己就滔滔不絕地說個沒完，根本不讓我插嘴。我說話的時候，他似聽非聽，滿不在乎，這是他的一個缺點。其次，他非常樂意宣傳他的人事背景，說某某達官貴人是他要好的朋友，某某名人是他的酒友等，向我表白炫耀，他不是一個一般的人。再次，我想知道的事他又說不出來，這種人怎麼能共事呢？」

長尾芳郎聽完土川元夫的話後，認為土川元夫的分析很有道理。

就這樣，土川元夫沒有顧及老朋友的情面，拒絕了他的推薦，後來經過努力尋找，認真觀察，終於找到了一個真正有能力的人。

土川元夫已經說得很明瞭，他之所以能通過一次談話看出此人的能力，是因為他發現了這人有誇誇其談的壞習慣，這種人與土川元夫名古屋工商會議所所要求的素質相差甚遠。

有的時候，可能是你自己的一個小習慣，在說話的時候無意間表現出來，惹得雙方都不愉快。人應該養成簡單明瞭、不說廢話的習慣。

伏爾泰一針見血地指出，使人疲憊的不是遠方的高山，而是你鞋子裡的一粒沙子。在現實生活中，將你擊垮的有時並不是那些巨大的挑戰，而是你最容易忽視的壞習慣。在與陌生人的溝通中，要懂得輕裝上陣，學會隨時倒出那煩人的「小沙粒」——改掉那些小毛病。

多一個心眼，多十分安全

看到這裡，讀者可能會有疑惑了：前面不是說對陌生人需要一種開放的心態，怎麼在這裡又說要多一個心眼呢？

其實，這想法並不是矛盾的。陌生人中極壞的人和極好的人的比例雖然很小，但不排除生活中我們還是會遇上壞人的可能。生活中連我們身邊的朋友有的時候都會對你起害心，又何況是你毫不瞭解的陌生人。所以，必要的防範心理還是要有的，但不要矯枉過正。

信任，並不是絲毫的戒備心理都沒有，而是需要理性地對待，信任是一種能力。

《菜根譚》裡面有言：「害人之心不可有，防人之心不可無。」這句話是用來勸誡在與人交往時警覺性不夠的人。對於陌生人，我們既沒有必要談虎色變地拒之於千里之外，也不能毫無防備之心。

信任是一種能力

大家應該都看過不少馮小剛的電影，其中有部叫《天下無賊》的片子講述的就是這樣一個信任陌生人的故事。

片子中，由王寶強扮演的主人公傻根是一個淳樸的農村小夥子，在修廟的時候遇到前去拜廟的由劉若英扮演的大姐。兩人一見如故，彼此之間表現得十分親切。

王寶強與劉若英的再一次相遇是在王寶強帶著幾萬塊錢準備回家娶媳婦的火車上。這個時候王寶強還不知道劉若英是個職業神偷，自從上一次碰到劉若英的那刻起，他對劉若英便有了依賴感，對她的信任度達到了百分之百，覺得大姐是好人，因此和劉若英說了很多本不該和陌生人說的話。其中的一些話語，卻無意中正中了劉若英心裡的痛處，讓她潛意識地將這個傻根看成了自己的親弟弟，之後才有了劉若英的一反常態，不但不向王寶強下手，而且還主動地將他保護起來這麼一段精彩故事。

故事的高潮是劉若英對傻根的那份感情，感動了她的另外一位由劉德華扮演的搭檔。最後劉德華不但放棄了對王寶強下手的念頭，而且還為圓他一個「天下無賊」的夢，搭上了自己的性命。

雖說這只是一個為了表達人性美好、善最終戰勝惡的虛構故事，但是不得不引發人們的深思。我們這裡重點講的是片中王寶強信任別人的能力。我自認為片中的王寶強是一個懂得人性弱點的徹底的「傻根」，在面對兇惡的社會時採取的是一種大智若愚的表現。試想，如果從一開始，王寶強就把劉若英當成萍水相逢的他鄉客來看，那麼他包裡的那幾萬塊錢即使不被另外一群由葛優扮演的盜竊團夥盜走，也會被劉德華甚至是劉若英弄去。

當然影片為了藝術感，才把王寶強變成一個一無所知的傻根，以至發生在車站大喊：「哪個是賊，出來我看看！」的一幕。其實，在現實中，故事中那種對一個人的掏心的信任，也是可以感化他人創造奇蹟的。比如在一些綁架案件中，我們不難看到許多最終沒有被撕票的人質都是信任歹徒的人，他們相信歹徒是個好人，不會對自己下手，並且嘗試著與歹徒做朋友，傾聽他們的故事，給予他們關心，最後讓歹徒良心發現，不忍心多害一個人。

因此，信任陌生人，是種能力，這種能力的表現是在多個方面的，有的是大智若愚，有的則是臨危不亂。但是在我們不具備這樣的能力，不能輕易識破江湖騙子的小伎倆，或者對人性的弱點沒有個全面的認知的情況下，為了避免自己的財產損失或出於維護自身安全，首先與陌生人碰面就不應該像王寶強那樣對陌生人掏心的信任。不然，還真成任人宰割的「傻根」了。

和陌生人結伴而行，也要提高警惕

首先要看是出遠門結伴旅行，還是只是在市內遊玩。通常和陌生人一同結伴遠遊，都是通過網路或者平日有書信來往的筆友等。所以出遊之前應該對對方的情況進行必要的瞭解。

・在出發前通過聊天或書信多溝通，通過交流來瞭解對方的背景、性格、工作單位，如有可能的話最好能知道對方的電話、住址等。當然，再瞭解這些情況的時候要自然些，不要顯得非常警惕的樣子。

・出遊之前一定要告訴自己的家人或朋友，自己到什麼地方出遊，去多長時間，和什麼人一起去，以及同遊的人的電話、住址、工作單位等。這樣做可以防止意外的發生，一旦出現特殊情況，那麼家人就可以通過多種線索找到你。

・身上儘量少帶一些貴重物品或現金。女性朋友，出遊時儘量不要穿得過於裸露。畢竟天有不測風雲，萬事萬物總是在瞬息萬變的，都說人心隔肚皮，你無法料到下一秒將會有什麼事情發生。朋友之間，見財起意，見色妄為的事情並不少見，更何況是你毫不瞭解的陌生人。

・儘量能多找幾個人一同出遊，如果對方是陌生人，那麼儘量找一個或幾個自己的熟人一同出遊，這樣會比較安全。

・要多留心觀察，如果對方是不值得信賴的人就要設法遠離他。當然，一旦發生危險或遭遇騙局時，不要慌亂，盡可能地與警方和家人取得聯繫或留下線索。

我們提倡與陌生人交往，但是反對盲目地去與陌生人交往。生活中很多人上當受騙的根源還是在於自己，往往是因為一時糊塗造成的。因此，切記：「與陌生人交往，多一個心眼，多十分安全。」

偏要和陌生人說話

作者：黃志堅
發行人：陳曉林
出版所：風雲時代出版股份有限公司
地址：10576台北市民生東路五段178號7樓之3
電話：(02) 2756-0949
傳真：(02) 2765-3799
執行主編：劉宇青
美術設計：許惠芳
行銷企劃：林安莉
業務總監：張瑋鳳

初版日期：2019年6月
版權授權：呂長青
ISBN ：978-986-352-703-9
風雲書網：http://www.eastbooks.com.tw
官方部落格：http://eastbooks.pixnet.net/blog
Facebook：http://www.facebook.com/h7560949
E-mail：h7560949@ms15.hinet.net
劃撥帳號：12043291
戶名：風雲時代出版股份有限公司

風雲發行所：33373桃園市龜山區公西村2鄰復興街304巷96號
電話：(03) 318-1378
傳真：(03) 318-1378
法律顧問：永然法律事務所 李永然律師
北辰著作權事務所 蕭雄淋律師

行政院新聞局局版台業字第3595號 營利事業統一編號22759935

定價：280元

國家圖書館出版品預行編目資料

偏要和陌生人說話 ／黃志堅 著. -- 臺北市：風雲時代，2019.05- 面；公分

ISBN 978-986-352-703-9（平裝）

1.人際關係 2.生活指導

177.3 108005195